JN111985

Shuwasystem
A book to explain
with figure
: Library

図解ポケット

製造現場の基本スキル

生産管理がよくわかる本

ISHIKAWA KAZUYUKI

石川 和幸 著

秀和システム

はじめに

　みなさんは工場の中を見たことがあるでしょうか？　複雑な製造ライン、パイプラインが走り、機器が並び、機械と人が忙しく動いています。その中をモノが流れていき、様々な作業を通じて、製品が出来上がっていきます。その活動の複雑さと緻密さに舌を巻くかもしれません。

　モノをつくるというのは、複雑で緻密な計画と指示、統制と制御が必要です。そうした工場での生産を支えているのが生産管理の技法です。

　製造業に勤める方やこれから製造業に勤める方は、生産管理の知識を身に着けておくことは重要です。生産活動がどう動いているのか、理解でき、生産活動をよりよく動かす知恵が身につくからです。

　製造業を顧客にするシステムベンダーやコンサルタント、機器を提案する企業の方、製造業について学ぶ学生にとっても生産管理の知識は有効でしょう。生産管理を理解することで、対応の幅が広がるからです。

　日本は"モノづくり"の国、製造業の国といわれてきました。一時期は"世界の工場"といわれた時期もありました。日本は、いまでも世界に冠たる品質を誇り、生産性を誇る製造業をたくさん抱え、世界中に工場も持っています。

　本書が、皆さんの生産管理の知識の獲得に役立ち、ひいては製造業の発展に寄与できれば、幸いです。

2023年12月　石川和幸

図解ポケット
生産管理がよくわかる本

CONTENTS

CHAPTER 4　製造管理

CHAPTER 5　外注管理

CHAPTER 6　在庫管理

生産管理とは

　生産管理は工場という巨大な「変換」装置を動かす仕組みです。工場ならびに工場を経営する製造業を永続的に儲けさせることを目的として、計画管理、実行管理（製造管理）、原価管理というPDCサイクルを回すことが生産管理の主な機能です。

生産管理とは何か

生産管理とは、原材料や部品を製品に変える工場という巨大な「変換」装置を動かす全体管理の仕組みです。

1 工場の中はどうなっているのでしょう

工場の中を覗いたことがあるでしょうか? 工場に中では、コンベアやフォークリフトがモノを運び、作業者が忙しく作業をしているかもしれません。大きなクレーンや炉といった巨大な設備群、あるいは、清浄なクリーンルームと自動化された精密設備群、大きな釜と複雑に入り組んだパイプの束など、その複雑さに圧倒されるかもしれません。

工場の中で起きていることは、「モノをつくる」という行為です。原材料や部品を投入し、設備や人手を使って、ルールに則って製品に仕上げていきます。工場とは、そのままでは人の用には成さないもの(付加価値の低いもの)を生産という行為(プロセス)によって、人の用に値するもの(付加価値の高いもの)へ変換する場所と見ることができます。

2 計画し、実行し、評価することで工場が動き出す

行き当たりばったりではモノはできません。モノづくりには、まず、「計画」が必要になります。"なにを"、"いつ"、"つくる" のかといった生産計画が必要なのです。

生産計画ができたら、"なにを"、"いつ"、"つくりなさいという" 製造指示と、原材料や部品の発注を行います。製造と調達という「実行」です。製造と調達の実績報告を行い、「実行」結果を報告します。

　報告結果を集めて、かかったコスト（原価）を計算して「評価」します。「評価」の結果、再び「計画」や「実行」の仕方を見直します。**計画**（**P**：Plan）–**実行**（**D**：Do）–**評価**（**C**：Check）を繰り返し、整斉とモノづくりをすることで工場は効率的かつ適切に生産活動が行えるのです。

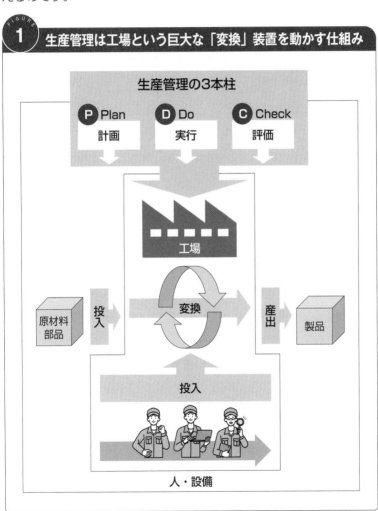

FIGURE
1　**生産管理は工場という巨大な「変換」装置を動かす仕組み**

生産管理の3本柱

P Plan 計画　D Do 実行　C Check 評価

工場

変換

原材料部品　投入　産出　製品

投入

人・設備

生産管理の目的

生産管理の目的は工場ならびに工場を経営する製造業を永続的に儲けさせることです。

1 目的は売上・利益を確保し、永続性を維持すること

生産管理の目的は、永続的に売上と利益を上げ続けることです。こうしたことが一過性のことではなく、永続性を持って営まれるためにも、生産管理体制がきちんと構築されることが重要です。

生産管理が目指すことは、お客様を満足させ、工場と工場を運営する企業の売上・利益を確保し、企業の永続性を維持することが生産管理の目的なのです。

2 生産管理は品質、コスト、納期の各目標を達成する

永続的に売上と利益を上げるためには、お客様を満足させることが必要です。そのためには、製品の品質、コスト、納期について、お客様と自社が満足のいく目標を設定し、目標どおりにモノづくりをしなければなりません。

品質を維持するためには、決められたルール、作業標準と手順に則り、基準に見合った製造を行います。ルール、作業標準と手順を守ることは、品質だけではなく、計画どおりのコストでの製造を可能にします。また、計画どおりにモノが調達でき、計画どおりにモノがつくれれば納期を守ることもできるのです。

その結果、計画どおり、ルールどおり整斉とモノづくりが行われ、ムリ・ムダ・ムラが排除され、品質、コスト、納期の目標が達成されるわけです。

　品質、コスト、納期はそれぞれ**Q**：Quality、**C**：Cost、**D**：Deliveryの頭文字をとって、**QCD管理**と呼ばれたりします。生産活動の管理レベルを上げ、計画どおりにモノづくりを行い、QCD目標を達成し続けることが、売上・利益の永続的な維持という目的に貢献するのです。

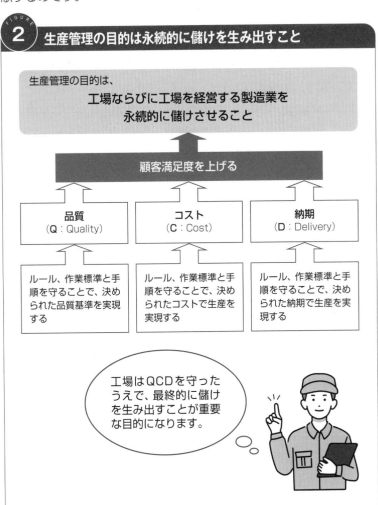

FIGURE 2 **生産管理の目的は永続的に儲けを生み出すこと**

生産管理の目的は、
**工場ならびに工場を経営する製造業を
永続的に儲けさせること**

顧客満足度を上げる

品質 （**Q**：Quality）	コスト （**C**：Cost）	納期 （**D**：Delivery）
ルール、作業標準と手順を守ることで、決められた品質基準を実現する	ルール、作業標準と手順を守ることで、決められたコストで生産を実現する	ルール、作業標準と手順を守ることで、決められた納期で生産を実現する

工場はQCDを守ったうえで、最終的に儲けを生み出すことが重要な目的になります。

生産管理と工場経営との関係

生産管理は作業管理、工程管理、品質管理、として日本の製造業の生産性向上に寄与しましたが、矮小化されました。

1 現場の作業管理、工程管理として伝わった生産管理

日本はアメリカの生産性の高さに倣い、アメリカから技術者を招聘して「**科学的生産管理**」を熱心に学んできました。

フォード生産システムに代表される、**作業管理**に基づく生産性向上が導入されました。作業管理の普及により、ムダな作業をしないようになり、日本の製造業は作業の効率性が上がったのでした。

工程管理も広まりました。工程とは、製造現場での作業のひとまとまりをいいます。工程の作業を上手に組んで、スムーズにモノづくりができるようになりました。また、デミング博士による科学的管理手法も導入され、統計的な分析が広まり、作業改善、工程改善をすることで生産性と同時に品質向上も実現されてきました。

作業管理、工程管理、**品質管理**は日本の製造業を強くし、世界最高の生産性をもったモノづくり大国に日本を押し上げたのです。

2 Production Control が生産管理と訳されてしまう

工程管理を中心とした考えは**Production Control**として伝わり、それが日本では生産管理と訳されました。そのため、Production Control＝生産管理が、作業管理、工程管理と勘違いされたのです。

しかし、工場の生産性の向上は、効率的な生産計画と調達を行う計画管理も重要です。また、お金で生産活動の結果を計り、工場の成績をチェックして改善する原価管理も重要です。

こうした生産活動を管理する計画管理、原価管理が生産管理から軽視されてしまいました。生産管理は作業管理や工程管理にとどまることなく、生産計画や原価管理も含め、工場を儲けさせるための工場管理の手法なのです。あらためて、生産管理の再定義が必要なのです。

FIGURE 3　生産管理は現場の作業管理、工程管理として伝わってしまった

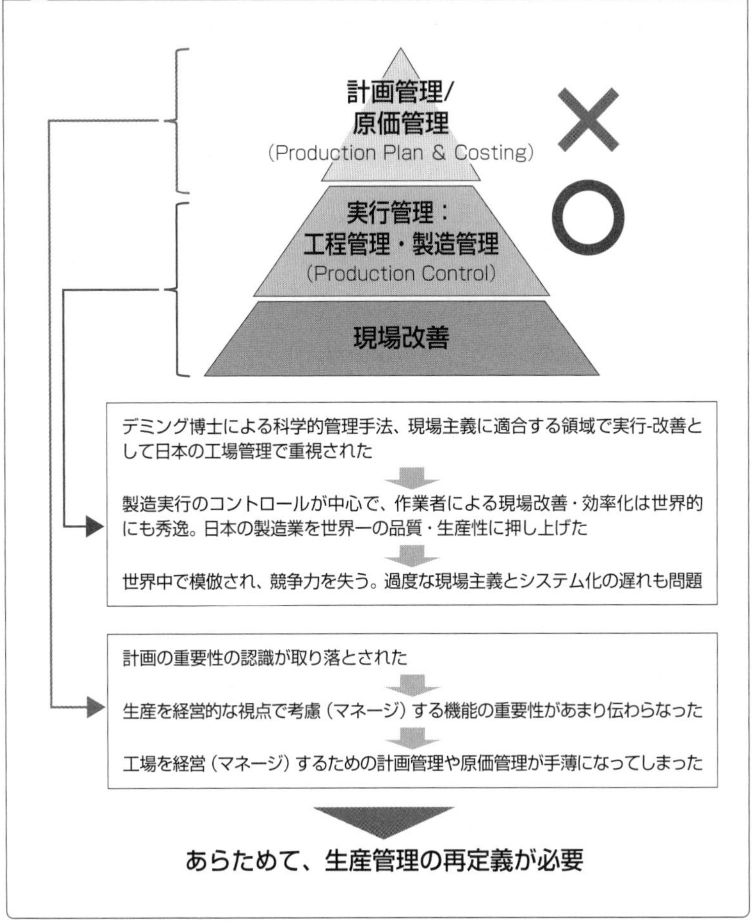

計画管理/
原価管理
(Production Plan & Costing)

✕

実行管理：
工程管理・製造管理
(Production Control)

◯

現場改善

デミング博士による科学的管理手法、現場主義に適合する領域で実行-改善として日本の工場管理で重視された

製造実行のコントロールが中心で、作業者による現場改善・効率化は世界的にも秀逸。日本の製造業を世界一の品質・生産性に押し上げた

世界中で模倣され、競争力を失う。過度な現場主義とシステム化の遅れも問題

計画の重要性の認識が取り落とされた

生産を経営的な視点で考慮（マネージ）する機能の重要性があまり伝わらなった

工場を経営（マネージ）するための計画管理や原価管理が手薄になってしまった

あらためて、生産管理の再定義が必要

生産管理の全体像

生産管理は、計画管理、製造管理、原価管理の３つの機能を
持っています。

1 計画管理によって効率的な生産を "準備" する

生産管理のスタートは**計画管理**です。計画は、「なにを、いつ、
いくつ」つくるのかといったことを決める仕事です。

計画には、まず、需要予測や販売計画、受注といった営業側の情報
と連携して、いくつ製品在庫を持つかという生販在計画、いくつ製
品をつくるかという基準生産計画を立てます。

同時に、人や設備稼働といった生産に必要な生産能力の計画をし
ます。また、基準生産計画を成り立たせるために必要な原材料や部
品（部材）の計画を行う資材所要量計算をします。

資材所要量計算の結果、必要な部材の仕入計画が立ち、これが調
達計画になります。調達計画は、購買管理と調達管理になります。購
買管理、調達管理は生産活動に必須の管理で、本書ではこれらの管
理も解説します。

2 実行管理によって、指示し、統制し、実績と進捗を追う

実行管理は、製造を指示し、実行統制をする**製造管理**を行います。
製造指示する際、必要な基準や作業の標準に従わせるのです。また、
製造の進み具合や実績を記録し、進捗管理や実績管理を行います。

3 原価管理によって生産活動の成績を評価する

生産活動の結果をお金で評価するのが**原価管理**です。製品を1つ
つくるのに、いくらかかったかを集計し、実際にかかったお金＝コ
ストを基準となる標準のコストと比較して、改善します。

生産を成り立たせるためには在庫管理や納期管理、出荷管理など
その他様々な管理も必要です。本書ではこれらの管理も解説します。

4 生産管理は、計画管理、実行管理（製造管理）、原価管理の3つの管理業務がある

P　計画管理（生産マネジメント業務）
生産活動をマネージする計画管理を行う

いくつ製品在庫を持つかという生販在計画、いくつ製品をつくるかという基準生産計画をつくる
↓
人や設備稼働といった生産に必要な生産能力の計画をつくる
↓
必要な原材料や部品（部材）の計画を行う資材所要量計算を行う
↓
必要な部材の仕入計画が立ち、これが調達計画となる

D　実行管理（製造管理）（実行統制と実績管理）
モノづくりをコントロールする、製造実行指示と進捗管理・実績管理を行う

製造の指示をする
↓
製造に必要な基準や作業の標準に従わせる
↓
製造の進み具合や製造実績は記録し、進捗管理や実績管理に結びつける

C　原価管理（生産業績評価）
原価を管理し、生産活動の結果をお金で、評価し、改善を促進する

基準となる標準コストを決める
↓
製品を1つつくるのに、いくらかかったかを集計する
↓
実際にかかったお金＝コストを基準となる標準コストと比較して、改善を促す

生産管理に関係するシステム

生産管理を行うにはためのシステム機能は広範になり、全体の連係をきちんと実現することが重要です。

1 生産管理を成り立たせるシステムは広範にわたる

生産活動は複雑度を増し、いまではシステムなしで生産活動を管理するのが難しくなっています。生産管理のシステムは、必要な機能と関係する機能が非常に広範囲にわたっています。

生産管理としては、計画に関わる、生販在計画を行う SCP*、基準生産計画と資材所要量計算と原価計算・原価管理を行う生産管理システムまたは ERP*、実行・統制、実績収集を行う製造実行システム MES* が主要システムとしてあります。

2 生産管理とその周辺領域のシステムも知るべし

生産管理の周辺領域には、まず、需要予測や商談連携、販売計画連携があります。需要予測システム、商談連携を行う SFA* です。販売計画は SCP、または販売管理システム・ERP が担います。

図面や製品品目、部品管理を行う PLM* または PDM*、倉庫システムである WMS*、配車や車両運行を担う TMS* があります。実績や原価データの可視化を行う BI* もあります。製造現場のインフラである機器類である PLC*、制御を担う SCADA* や、人が使う HT*、データ収集を行う IoT* センサー、設備制御との連携も必要です。

---

*SCP	Supply Chain Planner の略。	*PDM	Product Data Management の略。
*ERP	Enterprise Resource Planner の略。	*WMS	Warehouse Management System の略。
*MES	Manufacturing Execution System の略。	*TMS	Transport Management System の略。
*SFA	Sales Force Automation の略。	*BI	Business Intelligence の略。
*PLM	Product Lifecycle Management の略。	*PLC	Programable Logic Controller の略。

こうしたシステムは相互に連結し、統合しなければムダを生み、価値が落ちるので、生産管理に関わる際には広範なシステム機能を知り、その統合を意識しなければなりません。

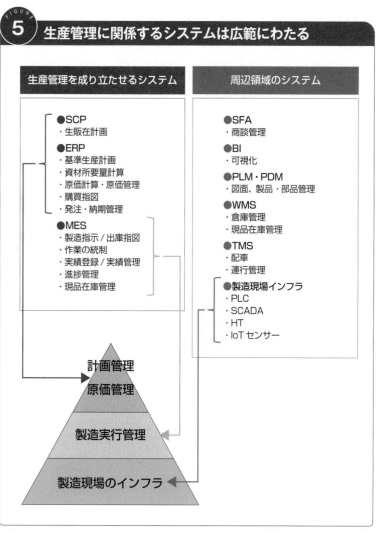

FIGURE 5　生産管理に関係するシステムは広範にわたる

生産管理を成り立たせるシステム

- ●SCP
  ・生販在計画
- ●ERP
  ・基準生産計画
  ・資材所要量計算
  ・原価計算・原価管理
  ・購買指図
  ・発注・納期管理
- ●MES
  ・製造指示 / 出庫指図
  ・作業の統制
  ・実績登録 / 実績管理
  ・進捗管理
  ・現品在庫管理

周辺領域のシステム

- ●SFA
  ・商談管理
- ●BI
  ・可視化
- ●PLM・PDM
  ・図面、製品・部品管理
- ●WMS
  ・倉庫管理
  ・現品在庫管理
- ●TMS
  ・配車
  ・運行管理
- ●製造現場インフラ
  ・PLC
  ・SCADA
  ・HT
  ・IoT センサー

計画管理

原価管理

製造実行管理

製造現場のインフラ

＊SCADA　Supervisory Control And Data Acquisition の略。
＊HT　　　Handy Terminal の略。

＊IoT　Internet of Things の略。

生産管理を勉強しよう

●経験主義に傾き、属人化を放置した生産管理

　長い間、日本の製造業では、仕事の仕方は真似て、かつ、盗むものでした。教育も **OJT*** が中心でした。そのため、製造現場の直接作業以外は、会社として業務を標準化しようという意識が薄く、人に依存した "属人化" が放置されてきました。

　生産管理という仕事も、属人化が激しく、ごく一部の人しかその仕事を知らないというありさまです。"モノづくり" という言葉は、職人的な技能伝承の必要性を下敷きに使われています。

　そうした背景もあり、生産管理などの業務を標準化し、システムを使っていこうという意識は低くなってしまったのです。生産管理が伝承技能のようになってしまい、仕事が属人化し、仕事の質の良否判断、改善が難しく、システムがあまり使われない、閉じこもった仕事になってしまいました。

●考え方を学び、経験と組み合わせ、標準化と高度化を

　生産管理の質を高めるには、その仕事内容を可視化し、標準化をしなければなりません。そのために、生産管理とはなにかということを、全体像を持って学び、その後詳細に深堀って高度化し、さらに経験と組み合わせて、鋼のように強靭で、柔軟な生産管理を実現しなければなりません。

　そのためには、属人化・経験主義に陥らず、生産管理を学び、枠組みを知ったうえで、業務を標準化し、継続的に高度化していくことが肝心です。

***OJT**　On the Job Training の略。

生産計画

　生産計画とは、「なにを、いつまでに、どれくらい」生産するかを決めることです。営業の需要予測や受注情報を連携し、つくるべき製品の数量とタイミング、調達すべき部材の数量とタイミング、生産に必要な人員、設備などの生産の能力を計画します。

生産計画とは何か

生産計画とは「なにを、いつまでに、どれくらい」生産するかを
決め、能力計画などの、付随する様々な計画を立案することです。

1 生産計画は生産の大切だが、その指す内容は曖昧

　生産計画は、製造業にとってとても大切なものです。生産計画は
「なにを、いつまでに、どれくらい」生産するかを決めことです。単
純なように聞こえるかもしれませんが、意外と難しいのが生産計画
です。

　「なにを、いつまでに、どれくらい」、きちんと生産するためには適
切に生産計画を立てなければなりません。しかし、生産計画とはい
つの生産を行うための計画でしょうか。

　来年でしょうか？　今年でしょうか？　来月でしょうか？　来週で
しょうか？　明日でしょうか？　計画する対象の期間によって計画
の詳細さと考慮すべき条件＝制約条件が変わってきます。

　また、「なにを、いつまでに、どれくらい」だけでは足りないので
す。営業の需要はどうか、製品在庫はどれほど持つべきか、といった
ことの考慮や人や設備の稼働状況、必要な部材はどう揃えるのか、
といった、いざつくろうとなったときに制約となる制約条件の計画
も必要なのです。

　こうした様々な対象期間と制約条件、考慮すべきことをすべて曖
昧に包含して**生産計画**といわれたりするため、ある人がいう生産計
画と別な人がいう生産計画が違っていることがあるのです。生産計
画はきちんと定義する必要があります。

2 生産計画を定義する

それでは、生産計画を定義してみましょう。

生産計画とは、

『対象期間を考慮した「なにを、いつまでに、どれくらい」生産するかを決めることと、「それに付随する各種の計画を決定すること」』

3 生産計画を期間で分類する

この定義に従って、生産計画を分解してみましょう。まずは期間です。期間で分類すると、大日程計画、中日程計画、小日程計画になります。

大日程計画は予算に近く、年間の月ごとの「なにを、いつまでに、どれくらい」生産するかの決定です。

中日程計画は、直近から3か月先までとか、半年先までなど企業ごとに相違しますが、数か月間の月ごとの「なにを、いつまでに、どれくらい」生産するかを決定することです。月単位ではなく、週の単位の計画の場合もあります。

小日程計画は、日の単位の計画です。小日程計画は、単に日の「なにを、いつまでに、どれくらい」生産するかの決定だけでなく、設備の稼働カレンダー、負荷や空き具合、人の出勤具合などの制約条件を考慮した生産の順序まで決めた「なにを、いつまでに、どれくらい」生産するかの決定する詳細な計画のときもあります。これを**順序計画**といったりします。

期間の遠いところから並べると、大日程計画➡中日程計画➡小日程計画（順序計画）となります。

生産計画と生産計画に付随する計画

　そして、「なにを、いつまでに、どれくらい」生産するかの決定に付随した計画も生産を成り立たせるためには必須です。まずは、基準となる「なにを、いつまでに、どれくらい」生産するかを決定する計画を**基準生産計画**といいます。基準生産計画が一般に生産計画と呼ばれるものです。

　同時に、基準生産計画を成り立たせるための必要な生産能力を計画します。設備の負荷、稼働計画や稼働カレンダー、人の出勤シフト計画などの生産能力を決める能力計画です。計画として確定した能力は、次の生産計画では考慮すべき制約条件になります。例えば、8時間稼働であれば、8時間以上生産ができないということです。

　基準生産計画は必要な部材の計画をする資材所要量計算のインプットにもなります。所要量計算は、部材の調達計画に繋がります。

　また、基準生産計画を立案するにしても、需要側の情報が必要です。営業がつくる需要予測や商談情報、販売計画情報を取得し、生産側が管理する製品の在庫計画を行い、生産要求数を計算します。これを**生販在計画**といいます。生販在計画のアウプットは生産要求数となり、生産要求数が基準生産計画のインプットになります。

　需要側から並べると需要予測・商談情報・販売計画➡生販在計画➡基準生産計画➡能力計画・資材所要量計算➡調達計画です。

5　期間と付随する計画との関係

　計画の期間に対し、基準生産計画と付随する計画の関係を整理してみましょう。

　大日程計画は予策定に近く、大日程計画時は需要予測・商談情報・販売計画➡生販在計画➡基準生産計画➡能力計画・資材所要量計算➡調達計画と繋がります。

中日程計画も同様です。需要予測・商談情報・販売計画➡生販在計画➡基準生産計画➡能力計画・資材所要量計算➡調達計画と繋がります。

小日程計画（順序計画）は受注や確定した生産計画から生じる生産指図に対し、既に計画され決定された「なにを、いつまでに、どれくらい」という決定に対し、制約条件を考慮して適正な順序を決めることです。流れでいえば、（受注や確定生産計画）➡製造指図➡小日程計画（順序計画）となります。

小日程計画（順序計画）は、計画というより製造指示に近い業務のため、計画業務ではなく、実行・統制業務に含むものとして第4章（製造管理）で説明します。

6 生産計画は、「なにを、いつまでに、どれくらい」生産するかを決めること

期間による分類

●大日程計画
予算に近く、年間の月ごとの「なにを、いつまでに、どれくらい」生産するかの決定

〈予算〉

●中日程計画
数か月間の月ごとの「なにを、いつまでに、どれくらい」生産するかを決定すること

<生販在計画>
↓
<基準生産計画>

●小日程計画
日単位の「なにを、いつまでに、どれくらい」生産するのか決定する

〈順序計画〉

●能力計画
設備稼働やシフト計画などの生産能力を計画する

●資材所要量計算
部材を、「いつまでに、どれくらい」つくるか、「いつまでに、どれくらい」調達するか、を計算する

●部材の調達計画
部材の「いつまでに、どれくらい」調達するか、計画する

2 生産計画の目的

生産計画の目的は、先々のリスクを考慮し、ヒト・モノ・カネを先行準備することで、工場、工場を経営する製造業を永続的に儲けさせることです。

1 生産計画はヒト・モノ・カネを先行して準備する

生産を行うためには、実際にモノをつくるタイミング以前に、**ヒト・モノ・カネ**を用意しなければなりません。

ヒトとは、工場で働く人になります。来年、来月、来週と、それぞれのタイミングで人を採用したり、出勤計画を合意したり、シフトを組んだりします。

モノにあたるものは、設備、原材料や部品などの部材です。来年、来月と必要な設備は揃えなければなりません。点検や補修もあるため、その時間を除いて、来月、来週の稼働時間も決めます。設備が適切に動き、生産可能な稼働時間を事前に用意するのです。

部材も、先行して購入しなければならないものがあります。そうした部材は、事前に用意しなければ、生産することができません。

ヒトやモノは、適正なコストで用意しなければならず、支払いに充てるカネを事前に用意し、支払いに充てます。急な資金調達はコストがかかります。必要資金を見積もり、資金を事前準備します。

2 生産計画は先を読むことで、リスクに備える

　変化が激しく、先が見通せない現代では、計画はなおさら大切です。営業側の販売計画をチェックし、計画の未達や超過の可能性や変動に備え、生産計画を柔軟に変更できるように準備します。一部の部材は調達も難しくなってきていますから、先々買えなくなるリスクがあるかどうかを判断し、先行発注するなり、サプライヤーと協力して部材をおさえにかかります。計画によって、事前にリスクを読み、対応できるようにしていくことで、適正にモノづくりを行い、永続的な儲けを生み出すのです。

FIGURE 7 ヒト・モノ・カネを計画的に準備する

生産計画の目的は、
**実際にモノをつくるタイミング以前に、
ヒト・モノ・カネを用意すること**

ヒトは、工場で働く人
　↓
先々の出勤計画

モノは、設備
　↓
設備投資・稼働計画
モノは、原材料や部品などの部材
　↓
資材所要量計算による調達

カネは、ヒトやモノを準備するための資金準備

事前に準備することで、販売の変動や部材調達の変動などの
リスクに備えることができる

需要予測・受注連携と生販在計画

生産計画は営業組織との連携が大切で、営業の需要予測や受注
情報を連携し、製品在庫を考慮して生産必要数を決定します。

1 営業組織と連携し、営業の情報を常にチェックする

生産計画を立案する際に、いきなり「なにを、いつまでに、どれく
らい」つくるのかといったことは決められません。生産計画の前に、
「なにを、いつまでに、どれくらい」売るのかという営業組織側の販
売計画が必要です。

大抵の場合、営業組織が需要予測をしたり、商談管理をしたりしな
がら、「なにを、いつまでに、どれくらい」売るのかを決める販売計画
を営業が立てます。販売計画に基づいて生産要求数が決まるのです。

2 生産側が需要予測をする場合もある

企業によっては、営業の販売計画が当てにならない場合、生産組
織側で需要予測をし、販売の見込みを立て、生産計画に活用する場
合もあります。そのような場合でも、営業側がキャンペーンを準備
していたり、大きな商談を進めていたりする場合があるので、営業
の情報を収集し、常にチェックしておくことが重要です。

3 工場が持つ製品在庫を考慮し、生販在計画を行う

販売計画や需要予測を即生産要求にすることは稀です。大抵の場
合、製品の在庫があるので、販売計画数から在庫を差し引き、さらに
販売に充当する必要な在庫計画があれば、在庫計画を充たすよう要
求数を算出します。

販売計画から実在庫を差し引き、持つべき在庫計画から必要な生産要求数を計算する計画を**生販在計画**といいます。生販在計画で計算された生産要求数が生産計画のインプットになるのです。

4　受注情報を生産要求数に繋げる

　受注情報も生産要求数に連携します。このとき、製品在庫があれば製品在庫を差し引いて、必要な生産要求数に変えて、生産計画へのインプットとします。

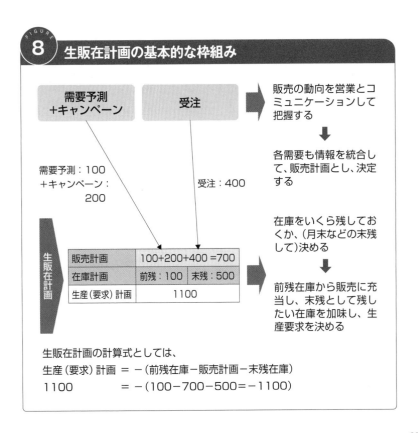

FIGURE 8　生販在計画の基本的な枠組み

販売の動向を営業とコミュニケーションして把握する

↓

各需要も情報を統合して、販売計画とし、決定する

需要予測 +キャンペーン

受注

需要予測：100
＋キャンペーン：
　　　　　　200

受注：400

在庫をいくら残しておくか、（月末などの末残して）決める

↓

前残在庫から販売に充当し、末残として残したい在庫を加味し、生産要求を決める

生販在計画

販売計画	100+200+400 =700	
在庫計画	前残：100	末残：500
生産（要求）計画	1100	

生販在計画の計算式としては、
生産（要求）計画 ＝ －（前残在庫－販売計画－末残在庫）
1100　　　　　 ＝ －（100－700－500＝－1100）

基準生産計画

基準生産計画は、仕販在計画や受注からの生産要求数をもとに、効率的な生産数量に変換し、生産のタイミングを決める業務です。

1 基準生産計画は生産要求数の "まるめ" を行う

生産計画要求数をそのまま生産すると効率が悪い場合があります。生産要求数や受注が小口で、数量が小さすぎる場合、設備の切り替えが起きたり、数が少なすぎて暇になる手待ちが起きたりします。効率が悪いのです。

そこで、ある程度まとまった数で連続してつくれる計画に変換します。それを、"**まるめ**" とか "**まとめ**" とかいいます。特に規定はないので、本書では "まるめ" という言葉を使います。

効率的な生産をするために、一定数にすることを "**ロットまるめ**" といいます。1回の生産数を**ロット**といい、ロット数を決め、生産要求数をロット数にまるめます。例えば、ロット数が100個なら、1個の生産要求であっても100個にまるめます。

また、"**期間まるめ**" という方法もあります。これは、今後毎週10個の生産要求がある場合に、4週ぶんを期間でまるめるという考え方です。先々の週10個を今週40個にしてまるめるものです。

"ロットまるめ" と "期間まるめ" どちらか一方を使う場合と併用する場合があります。あまり大きなまるめ数では、残在庫になるので、生産効率を重視しつつ、自社で適正なまるめに決めます。

2 基準生産計画は能力と部材の制約を考慮する

　基準生産計画では、まるめだけでなく、生産タイミングも決定します。その際、休日や設備稼働時間や人の出勤状況などの生産能力を考慮します。生産能力が足りない場合、前倒しした基準生産計画を立てたりします。

　また、部材の有無や調達状況を考慮し、部材がない場合、基準生産計画を先送りしたり、調達が頑張るなら生産要求どおりにしたり、適切な生産タイミングを判断し、基準生産計画を決定するのです。

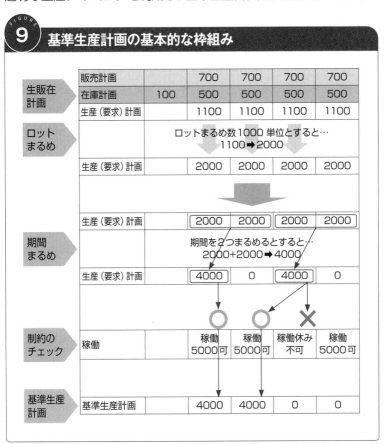

FIGURE 9　基準生産計画の基本的な枠組み

生販在計画	販売計画		700	700	700	700
	在庫計画	100	500	500	500	500
	生産（要求）計画		1100	1100	1100	1100
ロットまるめ		ロットまるめ数1000単位とすると… 1100➡2000				
	生産（要求）計画		2000	2000	2000	2000
	生産（要求）計画		2000	2000	2000	2000
期間まるめ		期間を2つまるめるとすると… 2000+2000➡4000				
	生産（要求）計画		4000	0	4000	0
制約のチェック	稼働		稼働5000可	稼働5000可	稼働休み不可	稼働5000可
基準生産計画	基準生産計画		4000	4000	0	0

負荷と能力を計画する能力計画

大日程計画時の基準生産計画に基づく能力計画が制約＝"枠"になり、中日程計画時の基準生産計画に対し、能力調整を行ったり、前倒し・後ろ倒し生産を決定したりして、基準生産計画を調整します。

1 負荷を計算し、能力を設定する能力計画

能力計画は生産を行うために必要な、人や設備などにかかる必要な負荷を計算し、負荷に耐えられる能力の設定を行うことです。能力計画は、大日程計画でも、中日程計画でも、小日程計画でも必要な計画になります。大日程計画タイミングでは、大日程計画時の基準生産計画をもとに、生産を可能にするために必要な作業者の人数要求や設備の要求生産能力を"負荷"として計算します。

例えば、ある製品を毎月1000台つくる際、人が10人×20日、設備が7時間×20日動くことが必要だと負荷を計算し、それに応じた人員計画、設備稼働計画を立てます。人員計画は人員能力、設備稼働計画は設備能力の計画として、中日程計画で見直す"枠"＝制約となります。

2 大日程計画の能力計画を中日程計画で調整する

中日程計画では、毎月の需要の変動に応じて基準生産計画が変わります。その際、大日程計画で決めた能力計画が制約になるのです。例えば、生産要求が増えて1200台つくることが必要になったとしましょう。10人×20日では足りないので、12人に人を増やすか、10人のまま休日出勤して24日稼働にするか検討します。

設備能力も同様です。能力が足りなければ8時間稼働や稼働日を24日に伸ばすなどの調整を行います。もし、調整ができない場合、負荷が低く、能力が空いている期間に前倒ししたり、後ろ倒ししたりして、基準生産計画を調整します。

3 能力計画は小日程計画段階での制約になる

中日程計画で確定された能力計画は、小日程計画時には調整が困難なタイミングになっていることが多く、小日程計画を立案する際には、制約＝"枠"として、能力計画の枠内で順序計画を最適化することが必要になります。

FIGURE 10 能力計画の基本的な枠組み

生販在計画	販売計画		700	700	700	700
	在庫計画	前残200	500	500	500	500
	生産（要求）計画		1000	1000	1000	1000

1000つくるのに16時間かかるとすると…

負荷計画	負荷計画	7時間×20日	7時間×20日	7時間×20日	7時間×20日

能力計画

設備能力計画	設備能力計画	7時間×20日	7時間×20日	7時間×20日	7時間×20日
	人員計画	10人×20日	10人×20日	10人×20日	10人×20日

人員計画	シフト計画（1直）	5人×20日	5人×20日	5人×20日	5人×20日
	シフト計画（2直）	5人×20日	5人×20日	5人×20日	5人×20日

FIGURE
11 生産計画の変更により能力計画も変更される

生販在計画	販売計画		700	➡	900
	在庫計画	前残200	500	➡	500
	生産(要求)計画		1000	➡	1200

1000が ➡ ➡ ➡ ➡ 1200 となった

負荷計画	負荷計画		7時間×20日	➡	7時間×20日

能力計画

設備能力計画	設備能力計画		7時間×20日	➡	7時間×24日
人員計画	人員計画		10人×20日	➡	10人×24日
	シフト計画(1直)		5人×20日	➡	5人×24日
	シフト計画(2直)		5人×20日	➡	5人×24日

基準生産計画が変わり、能力計画を見直した

32

2-6 部材を計画する資材所要量計算

> 資材所要量計算は基準生産計画から必要な部材を計算すること。資材の構成情報に基づき、必要種を計算し、製造指図・購買指図を生成します。

1 必要な部材を基準生産計画から展開計算する

基準生産計画をインプットにして、生産を可必要な部材の必要数とタイミングを計算することが**資材所要量計算**です。例えば、自動車1台をつくる場合、ハンドルが1個、タイヤが4個、エンジンが1基、などと必要な部材の数量を計算します。

2 資材所要量は構成情報＝BOM（レシピ）を活用する

必要な部材を計算する際、計算を展開するためには、製品（＝上位の品目）をつくるために、必要な部材（＝下位の品目）の繋がり（＝構成）と必要数（＝員数）が必要になります。こうした情報は構成情報といい、組立や加工などの生産では**BOM***、食品や化学などの生産さんでは**レシピ**といいます。

所要量計算は、BOMまたはレシピに従って、上位品目から下位品目に所要量が展開されていきます。

3 資材所要量も "まるめ" とリードタイム戻しを行う

資材所要量計算においても、基準生産計画と同様に "ロットまるめ" と "期間まるめ" があります。構成品目を効率的につくったり、買ったりするために、"まるめ" を行うのです。

***BOM** Bill of Material の略。

また、製品をつくる前の部品の生産は製品に先立って事前に生産する必要があります。部材も同様に、使うタイミングよりも前に調達し、納入してもらいます。そのため、構成品目をつくるタイミングや部材を納入する納期は先行する必要があるため、日にちをさかのぼります。事前に準備するためのさかのぼる期間をリードタイムといい、必要日からさかのぼってリードタイム戻しを行い、必要な生産タイミングや納入納期を計算します。

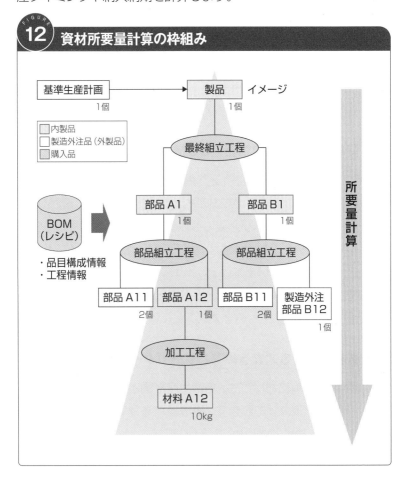

FIGURE 12　資材所要量計算の枠組み

イメージ

所要量計算

4 所要量計算の結果、製造指図と購買指図ができる

　所要量計算の結果、製品や構成品目の生産を指示するための指示情報として製造指図がつくられ、製造指示に繋がっていきます。購入部材は購買指図ができ、発注に繋がっていきます。

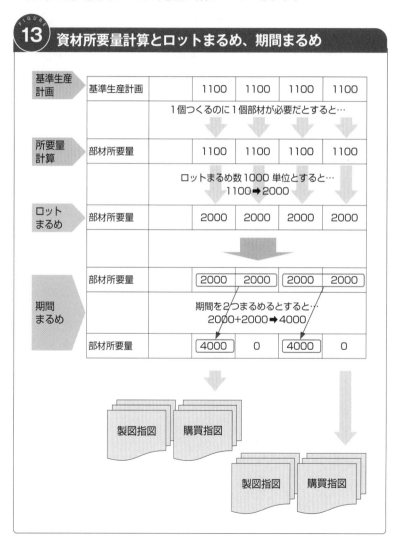

13 資材所要量計算とロットまるめ、期間まるめ

サプライチェーンマネジメント
とは何か

●サプライチェーンマネジメントは工場だけの仕事ではない

1990 年以降、**サプライチェーンマネジメント**（以下、**SCM**）という言葉が日本に一般化しました。しかし、その認識、定義は各社各様です。

SCM は当初、倉庫から店舗への在庫補充として紹介されたため、物流や調達、在庫管理の業務と勘違いされました。いまもそのときの影響が残り、いまだに SCM といえば、「物流の話だろう」、「調達の話だろう」、「工場の話だろう」といわれるのです。

●仕入業者から最終顧客まで視野に入れ、モノをコントロール

しかし、SCM はそうした狭い機能の話ではないのです。SCM とはサプライチェーンに登場する各組織、サプライヤーから工場、営業、販売会社、卸売業、小売業、最終顧客までを視野に入れ、モノの調達、生産、供給を計画的にコントロールしていく業務なのです。工場だけ、調達だけ、倉庫だけで行う業務ではないのです。

最終顧客や小売業、卸売業、販社・営業の計画を取得・共有し、工場（生産管理・調達）が計画し、サプライヤーと計画連携を行うのです。

その際、計画の中心が工場になるわけですが、2 章で扱った計画業務を上手に連携することが、SCM の真髄（神髄）になるわけです。

CHAPTER

3

購買管理・調達管理

　購買管理と調達管理は生産管理と一体で動きます。購買管理は調達先を選び、納期や価格などの購買条件を合意し、調達のお膳立てをすることで、適正な調達を行う準備をします。調達管理は、必要なモノを発注し、納期管理し、確実な納入を担保することです。

購買管理と調達管理とは何か

購買管理は調達先を選び、購買条件を合意し、調達のお膳立てをすること。調達管理は発注し、納期管理し、確実な納入を担保することです。

1 生産管理と購買管理、調達管理の関係

購買管理や**調達管理**は部材の仕入先や部材製造の外注先と関わる仕事です。生産管理とは密接に連携して業務が行われます。仕入先や外注先とのやり取りのなかで、仕入品や外注品のQ：Quality（品質）、C：Cost（コスト）、D：Delivery（納期）を守って、適切、確実な生産を可能にするための業務を行います。生産管理と購買管理、調達管理は違うものですが、工場の運営上、確実かつ適正な生産を行うためにはなくてはならない業務であり、密接に関連するため、本書では生産管理の一連の関係の中で解説していきます。

2 購買管理と調達管理は違う機能

購買管理と調達管理は、似ているようで違う仕事です。購買管理は、部材の発注をする前に、その条件を整える仕事です。仕入先をQCDで評価して選び、そのうえで、QCD条件として品質条件、コスト条件、納期条件などを合意します。また、大日程計画の資材所要量計算により算出された購入量を仕入先や外注先と合意します。中日程計画の資材所要量計算で大日程計画時に合意した購入量の調整と合意を行います。この合意がされることで、調達による発注時に確実に調達できるように事前に準備することが可能になるのです。

発注側からのコストダウン要求や改善要求を行い、仕入先からの値上げ交渉の窓口になるのも購買機能の仕事です。購買の機能を担うのが購買部という組織です。調達は、中日程計画での所要量計算の結果できる購買指図を受けて、発注を行う部門です。発注したら、納期どおりに納入されるか監視し、納入されたら検査、検収し、自社への受入・入庫処理を行い、支払い処理を行います。

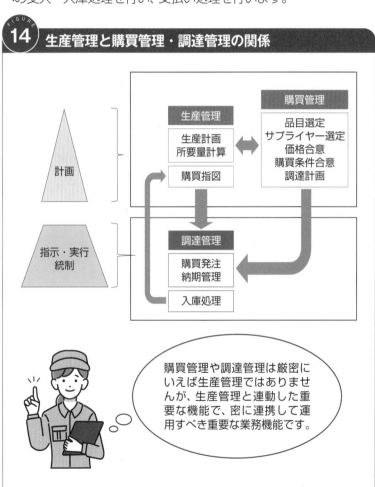

FIGURE **14** 生産管理と購買管理・調達管理の関係

購買管理や調達管理は厳密にいえば生産管理ではありませんが、生産管理と連動した重要な機能で、密に連携して運用すべき重要な業務機能です。

購買と調達は
似ているようで違う。

購買機能：ソーシング （Sourcing）	調達：機能 発注・納期調整 （Purchasing）
・サプライヤー評価 ・価格交渉（価格 コスト低減交渉） ・購買条件交渉（最小発注単位： 　MOQ、購入ロット、荷姿、など） ・年間購入数量交渉、枠取り ・調達計画の変更管理（ローリング） 　とサプライヤー共有 ・枠取り調整 ・値上げ交渉、原価影響シミュレー 　ション ・代替サプライヤー探索	・発注 ・入庫予定管理 ・納期管理（未納管理、納期督促） ・入庫・受入 ・各種交渉（前倒し、返品、など）
収益の最大化 QCDの合意 購買計画とリスク対処	発注、受入の実行 納期管理 追っかけと 生産影響極小化
・SCP、または長期MRP*を使う ・PLM*を使う	ERP*または、発注システムを使う

＊MRP　Material Requirement Planning の略。
＊PLM　Product Lifecycle Mgt. の略。
＊ERP　Enterprise Resource Planning の略。

購買管理と調達管理の目的

> 購買管理の目的は仕入に対するQCDを最適にし、確実な調達を可能にすることです。調達の目的は合意されたQCDを維持し、確実な生産ができるようにします。

1 購買管理の目的

購買管理の目的は仕入に対するQCDを最適にし、確実な調達を可能にすることです。仕入先とQCD条件を合意することで、継続して品質、コスト、納期を担保する約束をすることで、自社の生産のQCDを担保する役割を持ちます。

外部にあたる仕入先をきちんと選び、QCDを達成することで自社の生産活動に貢献し、儲け続けることができる前準備を行うことなのです。

また、昨今では部材の調達が難しくなってきているため、調達のリスクに備えることも重要な役割になります。調達難に対しては、先行して確実な調達が行えるように仕入先と調整し、供給約束させ自社の納期どおりの生産に貢献するのです。

2 開発に提言する開発購買という機能への進化

購買機能はさらに生産に貢献するよう、機能を進化させることができます。仕入れる部材の初期選定は開発部門が行うことが多いのですが、購入部材のQCDデータが揃い、仕入先の評価ができるようになると、新製品を開発する際に、使うべき部材の提言や仕入先の提言ができるようになります。

部材や仕入先を決める前段階から貢献することができるようになり、**開発購買**という機能役割へと進化することができます

 3 **調達管理の目的**

調達管理の目的は、同意したQCD目標の遵守です。発注し、合意した品質、コスト、納期が守られるよう日々監視し、適正な部材のQ=品質、C=コストを維持し、生産のD=納期を守れるようにするのです。

16 **調達管理の目的は、同意した QCD 目標の遵守**

調達管理の目的は、
仕入に対するQCDを最適にし、
確実な調達を可能にすること

確実な調達を行うためのお膳立てを前提に

購買管理の目的は、
同意したQCD目標の遵守

発注し、合意した品質、コスト、納期が守られるよう日々監視し、
適正な部材のQ=品質、C=コストを維持し、
生産のD=納期を守れるようにする

仕入先を選定し、購買条件を決める

> 購買管理の主機能はソーシングといいます。ソーシングは仕入
> 先の選定、QCD：品質、コスト、納期といった条件を取り決める
> こと。

1 仕入先の選定

　購買の仕事は、自社の生産を確実に行うために、仕入先を決める
ことです。新しい部材を購入する、あるいは既存の部材の仕入先の
代替や第二の仕入先（セカンドソース）としての選定を行います。

　選定する際は、自社の購買条件が満たせるか、合意できるかだけ
でなく、仕入先の永続性、安定性、技術力、発展性、管理体制なども
評価します。仕入先が破綻したり、供給が滞ったりすると生産に大
きな影響を及ぼします。会社そのものを評価して、永続的なパート
ナーになりうる仕入先を選定していきます。

　選定された仕入先とは購買基本契約を結びます。そのうえで、個
別品目の仕入に関する購買条件を締結していきます。

2 購買条件を交渉する

　購買条件は、仕入れる際の納入基準です。まず、納入品質を合意
し、品質を確保します。書面上の合意の後、試作での検証を行い、品
質を上げていきます。量産時に品質問題を起こさないよう、事前に
チェックを幾重にもかけていきます。納入時の公差範囲、不良発生
時の対応、報告と改善プロセスなどを合意します。

　コスト条件は、見積もりを通じて行います。単位当たりのコスト
だけでなく、最小発注単位、最小発注単位の価格、まとめ発注時の

ディスカウント条件、納期短縮時コスト条件など、交渉を通じて合意します。コストは品質、納期とも関連するので、品質条件、納期条件とのすり合わせも行います。

　納期条件は発注から納入までの日数（リードタイム）、納入方法、納入荷姿などを合意します。

③　常に改善を呼びかけ、仕入先の要望にも応える

　購買条件は一度決めたら終わりではなく、常に改善をしていきます。品質改善要求、コストダウン要求などは定期的に行います。また、原材料、人件費、燃料の高騰などに応じた仕入先からの値上げ要望などの交渉の窓口にもなります。

　値上げ交渉時には、値上げによる製造コストへの影響をシミュレーションし、原価や利益への影響を取りまとめる役割も担います。

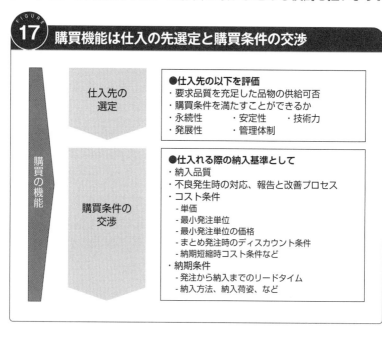

FIGURE 17　購買機能は仕入の先選定と購買条件の交渉

購買の機能

仕入先の選定
- ●仕入先の以下を評価
  ・要求品質を充足した品物の供給可否
  ・購買条件を満たすことができるか
  ・永続性　　　・安定性　　　・技術力
  ・発展性　　　・管理体制

購買条件の交渉
- ●仕入れる際の納入基準として
  ・納入品質
  ・不良発生時の対応、報告と改善プロセス
  ・コスト条件
    - 単価
    - 最小発注単位
    - 最小発注単位の価格
    - まとめ発注時のディスカウント条件
    - 納期短縮時コスト条件など
  ・納期条件
    - 発注から納入までのリードタイム
    - 納入方法、納入荷姿、など

予定・内示の仕入先連携

安定調達を実現するため、事前に購買計画を立て、仕入先と計画を共有することで、安定供給の担保とリスク共有を行います。

1 購買計画の立案と共有

部材によって調達が難しいものがあります。高度なハイテク部品などは、先々の購買情報を仕入先に提示しなければならないものもあります。仕入先から要望されなくとも、自社が主体となって、仕入先に先行して**購買計画**を渡すことで、調達を確保する動きもかけられます。

単なる単位的な発注ではなく、長期的な購買計画を見せることで、長期的な供給を安定させることができるのです。生産計画から重要部材の購買計画を立案するのも購買の重要な仕事です。

2 予定、内示、発注の連携ルールの設定と合意

購買計画は期間によってそれぞれに意味を持たせることがあります。調達の予定の期間、内示の期間、発注の期間です。予定は、例えば、2か月先から数か月、購買計画に基づいた予定情報を渡すことで、仕入先の事前材料発注や能力計画を可能にし、確実な供給を準備させることができます。

予定の期間が直近1か月（例えば、来月）になれば、内示の期間に切り替えたりします。内示は引取り責任が生じます。内示による、仕入先は先行で生産しておくことができ、より確実な供給が担保されます。もちろん、不要になる際は、予定から内示になる段階で数量を減らすことで、余計な仕入を増やさないようにもできます。

内示があれば、発注はその内示のなかで行えば、確実に納入されるわけです。ただし、予定➡内示、内示➡発注になる際に、あまり数量を動かすと仕入先も供給できなくなったり、在庫が積み上がったりするので、変動幅と残在庫の処理のルールは合意しておかなければなりません。

③ 営業、生産、仕入先とのコミュニケーションの確保

購買の仕事は、自社の生産を確実に行うために、適切な仕入ができる準備をしておくことです。調達数の変動を生むのは、営業の販売動向や計画変動、生産の変動、仕入先の供給変動などです。常に営業、生産、仕入先とのコミュニケーションの確保し、柔軟に対応できるようにしておくのが、購買の務めです。

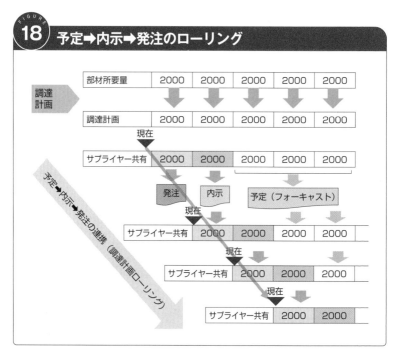

FIGURE 18 予定➡内示➡発注のローリング

必要なものを発注する調達管理

発注は所要量計算結果による購買指図に基づく発注が基本だが、様々なバリエーションがあり、対応する業務設計が必要です。

1 購買指図に基づく発注

　調達は所要量計算結果による**購買指図**に基づいて、決まった数量を決まった納期で発注します。既に、まるめもされているので、調達部門で変更するなどの意思を入れないことが基本です。

2 購買指図に基づかない発注：長納期発注

　ただし、あまりに先の納期の発注をしなければならない場合など、所要量計算をせずに発注をすることもあります。この場合は、生産管理部門などと連携し、発注数量、納期を決めて発注します。

3 購買指図に基づかない発注：カンバンによる発注

　カンバンは、部材を使うと使ったぶんの現品票＝カンバンが外れ、仕入れるための情報としてとして発注に連係されることもあります。カンバンを基準に発注が行われるようにします。

4 購買指図に基づかない発注：預け＝預かり在庫・VMI

　あまりに量が多く、かつさほど付加価値が高くない部材は仕入先の預け在庫＝自社の預かり在庫として在庫管理を仕入先が行い、仕入先が適切に補充を行う、発注行為はなしで納入、請求が行われる業務です。

5 複数社購買への対応

　同一部材を複数の仕入先から調達する場合があります。優先仕入先があるのか、あるいは、比率で発注数量を分けるのか、といったルールを自社内で取り決めて発注します。

6 発注の納入指示の分離

　生産に合わせた時間単位納入や複数納入先への指示がある場合、発注と納入指示が分かれる場合もあります。発注と納入指示を整合して、正しく指示ができるようにしなければなりません。

FIGURE 19　購買指図に基づく発注と購買指図に基づかない発注

種類		概要
購買指図に基づく発注		通常の発注。所要量計算を行い、発注する
購買指図に基づかない発注		
	長納期発注	先の納期の発注をしなければならない場合など、所要量計算をせずに発注をする
	カンバンによる発注	部材が使われると、部材についている現品票＝カンバンが外れ、カンバンぶんだけ発注され、補充される
	預け＝預かり在庫・VMI*	仕入先の預け在庫＝自社の預かり在庫として在庫管理を仕入先が行い、仕入先が適切に補充を行う "使ったぶんだけ"、請求が行われる業務。昔の「富山の薬売り」に似ている
複数社購買		同一部材を複数の仕入先から調達する

＊VMI　Vendor Management Inventory の略。

確実な納入を目指す発注残・納期管理

発注は所要量計算結果による購買指図に基づく発注が基本だが、様々なバリエーションがあり、対応する業務設計が必要です。

1 発注残管理と納期確認

発注をしたら、納入されるまで**発注残**の管理と**納期管理**を行います。通常は、既定の納期＝リードタイムどおりに納入されることを前提としますが、重要な部材や納期が安定しない仕入先の場合は、仕入先から納期回答を取得するようにします。

納期回答が自社の希望納期に合わない場合、納期調整を行います。基本的に、自社の要求納期に合うように交渉します。

また、納期が遅れた場合は、納入督促を行い、かつ、新たな納期を回答してもらい、確実な納入がされるまで監視を行います。それでも、納期が守られない場合は、常に納入督促を行います。

2 分納管理

発注に対して、一度に納入せず、分けて納入することを**分納**といいます。分納は、納入都度、納入残を監視し、確実に発注した数量を、最終納期に合うように納入するように監視します。

3 バックオーダー管理

納期遅れが生じた場合、発注残は**バックオーダー**と呼びます。バックオーダーは残の管理を行い、納入がされるまで納入督促を行い、かつ、新たな納期を回答してもらい、確実な納入がされるまで監視を行います。

4 納期遵守率管理

　仕入先が納期を守っているかどうか、常に評価します。指定された納期を守れたかどうかを計る指標を**納期遵守率**といいます。100件の発注に対し、95件しか納期を守れなかった場合、納期遵守率は95%となります。納期遵守率は、常に監視し、改善要求をし、確実な調達を行えるようにします。

FIGURE 20　納入を確実にするための納期管理の種類

種類	概要
発注残管理	発注をしたら、納入されるまでの発注残を管理する
納期管理	納期回答を取得し、納期どおり納められるように監視する
分納管理	一度に納入せず、分けて納入することを分納という。納入残を管理し、最終納期まで納入されるよう監視する
バックオーダー管理	納期遅れが生じた場合、発注残はバックオーダーと呼び、納入されるまで納入督促を行う
納期遵守率管理	仕入先が納期を守っているかどうか、評価する

納期管理は「**納期の追っかけ**」などといわれたりします。確実な納入ができるまで"追いかけ"なければならないからです。

製造管理

　製造管理は製造現場でのモノづくりを行わせる管理業務です。作業手順と作業標準に基づき、各工程での作業指示と作業指示に合わせた作業の統制、製造後の実績収集、各工程の作業の進捗管理を行います。

製造管理とは何か

製造管理は製造現場での管理業務で、作業手順と作業標準に基づき、各工程での作業指示、作業統制、実績収集、進捗管理を行います。

1 製造管理は作業現場を管理する

製造管理は製造現場を管理します。製造現場に指示を出し、作業を統制し、実績を収集します。製造管理がきちんとしていれば、各作業を行う工程ごとのQCDが維持され、生産活動全体のQCDも維持されます。製造管理では組立や加工などの工程ごとに分解された作業指示を作成するプロセスを**作業展開**と呼びます。

2 生産管理よりも詳細の工程、作業手順を管理

生産管理では所要量計算の結果、製造指図を発行します。会社によりますが、作業指図は、組立工程、加工工程のように集約された工程に対しての指図になります。製造管理では、集約された工程ごとの指図を受け取り、より詳細な工程、作業手順まで分解し、作業指示をつくります。これを作業展開といいます。

製造管理を行うシステムを導入していれば、作業手順に従わない場合にアラート（警告）を出すこともできます。いわゆる**ポカヨケ**です。

FIGURE 21 製造指図と製造指示の工程の違い

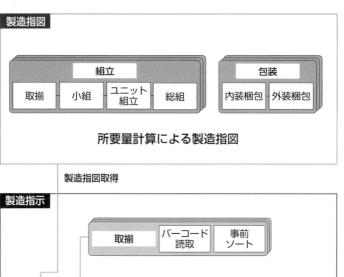

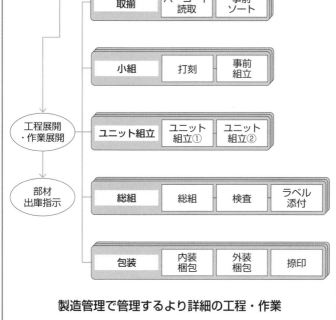

3 作業手順と並行して出庫指示が出されることも

　作業指示だけではモノづくりはできません。製造に合わせて必要な部材が適切なタイミングで製造現場に届けられなければならないのです。作業指示と並行して出庫指示が出され、部材が製造現場に届けられます。

4 工程ごとの実績を集め、進捗を監視し、対策する

　作業指示に従って作業を行った結果は、作業実績として工程ごとに集めます。完成した出来高、不良、棟入居された部材、作業した時間などの実績を報告します。各作業、工程ごとに実績を集めると、作業の進捗、工程の進捗が把握できます。

5 製造実績を集め、可視化し、改善する

　製造実績により、QCDの元となるデータが集まります。このデータは改善に使われます。

作業指示と同時に出庫指示が発令されることで、必要な部材は製造現場に適切なタイミングで届けられます。

製造管理の目的

製造管理の目的は、工場を永続的に儲けさせるため、QCD目標を守り、計画どおり、ルールどおりにモノづくりを行うとともに、実績を取集し、改善を促すことです。

1 QCD目標の達成と計画どおりの生産を行う

製造管理の目的は、設定されたQCD目標を達成することです。品質を守り、設定された標準コストを守り、納期どおりに製造することで、計画どおりに生産を行い、工場に利益をもたらすのです。

計画業務にて用意されたヒト・モノ・カネを適正に使うことで、工場に計画どおりの儲けをもたらします。

2 誰でも、標準に従い、基準どおりに作業をする

製造管理は、作業指示によって誰でも、標準に従い、基準どおりに作業できるようにしておきます。明確な指示に基づき、作業手順に従って、規定された時間で作業したり、規定された量を投入したり、規定どおりに設備の回転トルクや温度、圧力などを設定して基準を守ったりすることで、作業を統制します。

作業手順や基準は、生産の前準備として生産技術部門が標準時間や設備の標準を決め、指示に含めて、誰でも迷わず作業ができるようにしておくのです。

　作業の実績は製造記録として記録します。記録された実績は、可視化されることで、作業の問題点を見つけて、改善を促すことに役立てることができます。

　また、作業時間や投入実績数量、出来高、不良高などは数値上の実績を評価するだけではなく、金額に換算して原価計算に役立てられます。進捗に問題はないか、計画どおり生産できたか、納期は守れたか、計画どおりのコストで生産できたか、といった製造の実行結果を管理することができるようになります。

FIGURE
22 製造管理の目的

製造管理の目的は、

・QCD 目標の達成と計画どおりの生産を行うこと
・誰でも、標準に従い、基準どおりに作業をすること
・実績を記録し、可視化し、改善を促すこと

製造管理の対象は「モノづくり」の作業になります。きちんと、計画どおり、指示どおり、標準に従い、基準どおりに作業を行い、その実績を記録します。

3 手順を守る製造指示、出庫指示と現品管理

製造指示の方法は様々ありますが、作業手順、作業標準を守り、ミスをしないように、できれば、だれでもできるように統制を行います。

1 製造指示は作業手順と作業標準を守らせる

製造指示は**作業指示**とも呼びます。製造指示は所要量計算の結果作られる**製造指図**から展開されます。製造指図はまとまった工程での製造の指示情報ですが、製造指示ではより詳細化し、細かい作業工程ごとに一つひとつの作業手順を追って、指示に従って製造ができるようにするのが理想です。

その際に、製造指示に投入順序や投入数量、温度や回転数、トルク数などの作業標準を併せて記述し、作業手順と作業標準を守らせるようにします。

作業手順書が製造事務所に置いてある場合、製造指示書を現場に持っていく際に作業手順書を併せて持っていく場合と、作業手順書が紙で製造現場に置かれている場合があります。紙の場合、手順書の選択ミスや読み間違いなどで誘発するなどのミスを誘発することもあり、製造指図を電子化してタブレットやハンディターミナルに表示させたり、設備制御盤に表示させたりします。

電子化する場合や設備制御盤に表示させる場合は、手順ミスをするとアラートを出したり、次に作業に行けないようにしたりすることで、いわゆる"ポカヨケ"を仕組んでおくことができます。ポカヨケ化することで、誰でもミスなく作業ができます。

製造指示が製造指図から来るではなく、部材を使ったことで使い終わった部材の現品票が外れ、これを**カンバン**と称して作業指示に使うこともあります。カンバンは、繰り返し使う部材の製造指示に使うことができる便利な道具ですが、使えるケースが限られます。

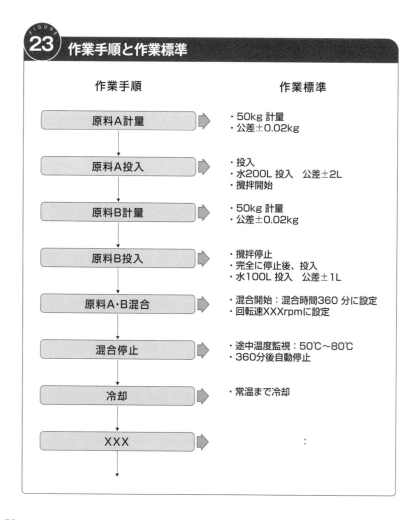

FIGURE 23 作業手順と作業標準

作業手順	作業標準
原料A計量	・50kg 計量 ・公差±0.02kg
原料A投入	・投入 ・水200L 投入 公差±2L ・攪拌開始
原料B計量	・50kg 計量 ・公差±0.02kg
原料B投入	・攪拌停止 ・完全に停止後、投入 ・水100L 投入 公差±1L
原料A・B混合	・混合開始：混合時間360 分に設定 ・回転速XXXrpmに設定
混合停止	・途中温度監視：50℃〜80℃ ・360分後自動停止
冷却	・常温まで冷却
XXX	：

出庫指示、配膳、入出庫管理、棚卸

製造指示と併せて出庫指示することで、適切に現場に部材を払い出します。出庫の記録は正しく行い、入庫も合わせて行うことで在庫受け払いがされます。現品管理が正確であとの棚卸も楽になります。

1 出庫指示を行うことで、正しく部材を届ける

製造指示に併せて、製造に使用する部材の**出庫指示**を出します。昔ながらの製造現場では製造指示を見て、作業者が判断して部材を取りに行くことがあります。そうなると離席することにより非効率ですし、ミスも誘発します。また、作業が立て込んでいるからと、勝手に多めに部材を現場に持ち出すこともあります。

こうなると、在庫管理がおざなりになり、部材欠品や無用な追加調達を生み、在庫増と滞留を生み出すので、できれば、出庫指示を出して統制したほうがよいでしょう。

2 "配膳" という出庫方法、"みずすまし" と自動搬送車

部材の出庫に際して、部材をまとめて出庫する場合と、一品ごとい製造指示が出るケースでは、一品製造するために必要十分な部材を取り揃えて出庫する場合があります。これを**配膳**といいます。配膳を行うために、一品ごとに、作業工程ごとに必要な部材を取り揃えることが必要で、作業手順に紐づいた出庫指示ができるマスター情報が必要になります。

配膳を行うには専門のピッキング担当者が必要です。現場に部材を届け=搬送することで、作業者は製造作業に集中できます。

こうした搬送専門の担当者を**みずすまし**と呼んだりします。みずすましを自動化したものが自動搬送車です。

③　入出庫管理の精緻化と現品管理精度向、棚卸効率化

　出庫管理が厳密に行われるのと同時に、部材の入庫管理も厳密に行います。こうすることで部材在庫の出庫-入庫＝受け払いが行われ、部材の現品管理が精緻化します。現品管理が精緻に行われていれば、在庫管理のレベルが高くなります。定期的に行われる在庫を数えて合わせる**棚卸**の作業も、現品在庫と帳簿上、またはシステム上の在庫差異が減るので、現品在庫の管理精度が上がり、棚卸が楽になります。

FIGURE 24 製造に必要な部材をひと揃えで出庫する"配膳"

配膳

配膳は、品目を1つ組み立てるために必要な"ひと揃い"の部品を現場に払い出すことで、部品を選んだり、探したりすることがなくなり、効率的に組立作業ができるようになる

品目を1つ組み立てるために必要な"ひと揃い"の部品をピッキングする

みずすまし
：搬送専門担当者

製造順序を決める小日程計画

小日程計画は、製造上の制約を考慮し、最適化方針に基づき、適正な製造順序を決めることです。

1 製造指図にも製造指示にも適正な順序はない

製造指図には製造する順序が設定されていないため、製造指図からつくられる製造指示にも順序はありません。そのため、現場判断で順序を決めていることが多いのですが、それでは効率的な生産ができない場合があります。あるいは、現場ごとに個別に最適化した製造になり、前工程は最大稼働でつくりますが、そのせいで後工程に必要なものが渡されず、手待ちで時間を無駄にしたり、納期に間に合わなかったりします。このような事態が起きないように、各工程で適切に製造し、納期を守り、時間を無駄にしないように製造の順序を決めるのが**小日程計画**なのです。

2 小日程計画は制約条件を考慮する

小日程計画は、製造指図を受けて、製造上の制約を考慮して、適正な計画を立案します。制約条件は生産能力、治工具、部材の有無です。考慮する生産能力とは時間です。生産で使える時間は有限です。人の出勤状況、設備稼働時間が能力計画で設定された時間が上限になります。仮に品目A、B、Cをつくるのに各4時間かかるとします。設備の稼働時間が8時間とすると、A、B、Cすべてを8時間でつくることはできず、どれか1つは翌日になってしまうのです。人や設備生産能力は**資源**といい、無限に使えるわけではなく、有限です。同様に有限なものは、技能者と治工具です。

技能者とは、特殊技能を持つ人で、その人がいないと製造できないので、生産数が頭打ちになります。治工具も取り合いになり、治工具があるぶんしかつくれません。部材も、あるものでしかつくれません。

こうした資源は制約条件になるため、製造指図どおりにものがつくれないため、制約をどう使いこなした計画をつくるのが重要です。

③ 小日程計画は最適化方針を考慮する

小日程計画では最適化方針を設定し、最適化方針に沿った生産順序計画を立案します。納期優先方針なら、納期が早い品目を優先して、生産順序を計画します。生産能力を有効活用するため、段取り時間を最小にするような順序を計算したりします。稼働率優先の場合は、設備稼働を最大にするため、どんどん前詰めで計画を立案します。最適化方針には、他に製造コスト最小化、利益優先などがあります。最適化方針に基づき製造順序を決め、順序どおりに製造指示をしていきます。

小日程計画では最適化方針に基づき、納期優先や稼働率優先などを考慮して生産順序を計画し、最適な製造指示を発行します。

FIGURE 25 小日程計画は制約と最適化方針を考慮し、最適な生産順序計画を作る

基準生産計画

考慮すべき制約

工場カレンダー・稼働時間
設備稼働
人員稼働
残業・休出可能余裕
治具の有無、取り合い
人員スキルとその在否
段取り時間、など

制約条件と計画最適化方針を考慮し、製造順序を決める

計画最適化方針

納期遵守
稼働率優先
平準化生産
段取り最適化
コスト最適化、など

製造順序の決定

小日程計画
ガントチャート

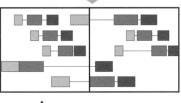

小日程計設備
負荷グラフ

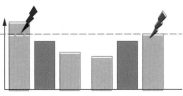

製造結果を把握する製造実績管理

製造が終わったら、製造実績を登録します。製造した品目、不良、投入した部材、投入した時間を記録し、製造指図を消し込みます。

1 製造実績の記録：出来高と不良品登録、作業時間

製造指示に従って製造を行ったら、その実績を記録します。良品出来高、不良数、作業時間を記録します。記録方法は製造指示書に記録する方法と製造実行システムに入力する方法があります。製造実行システムにハンディターミナルやタブレットがある場合、それらの機器を使ってシステムに実績を登録します。

2 部材の投入実績の登録とバックフラッシュ

製造に使われた部材は投入実績として記録します。記録方法は製造指示書への手書き、システム登録などがあります。

使われている部材が多く人手で実績登録できない場合、あるいは実績登録を簡易にする方法として完成品の実績登録をした時点で投入部材を引き落とす**バックフラッシュ**という方法がありますバックフラッシュは決められた標準の使用数量で部材を引き落とし、使ったこととして計算する簡易な手法です。

3 作業標準の遵守を記録する製造記録

出来高、作業実績、部材投入の記録と併せて作業標準どおりに製造したかどうかを記録します。手順、投入順序、機械稼働状況を記録し、不具合が当たっときに振り替えることができるようにします。

4 製造指図への連携と原価計算

　実績が登録されると、製造指示に対する実績情報が製造指図に連携され、指図が消し込まれます。指図に連携された出来高と、出来高に対し投入部材と作業時間が集計され、原価計算のもととなります。

26 製造指示に対し、実績登録を行い、製造指図を消し込む

製造指示書	製造指図
製造指図書番号	製造指図書番号
製造指図書作成年月日	製造指図書作成年月日
製造品目の名称・規格	製造品目の名称・規格
製造数量	製造数量
所要原材料・部品	所要原材料・部品
製造工程・場所・職場	製造工程・場所・職場
製造担当部署	製造担当部署
製造担当者	製造担当者
製造着手日	製造着手日
完成予定日	完成予定日
納入場所	納入場所
など	など

計画

実績

BI
MES

製造実績の把握

ERP

製造実行

製造指図の消込
⇒出来高計上、
　部材消費
⇒実際時間、
　ロスの把握

進捗管理とトレーサビリティ

　工程ごとの実績登録が行われると製造の工程進捗が把握できます。また、製造実績に登録されたロットナンバーやシリアルナンバーでトレースができます。

1 進捗管理がもたらす効率化

　工程ごとに実績登録がされると**進捗管理**ができます。まず、自分のいる工程の指示に対する製造の進度がわかり、順調に製造できているか、もっと効率を上げるべきかが見えます。進度が遅く、遅れている場合は、挽回しなければならないと判断がつきます。

　もし、各工程の進捗がシステム化されていれば、後工程が前工程の進捗状況を把握することができ、製造の準備や他の作業対応をするなどして、先手を打つことができます。

　例えば、ある品目の製造が遅れている場合、手待ちにならないように間接的な業務を行ってムダを排除できます。あるいは、いま製造できる品目に切り替えて製造をすることもできます。工程の進捗がわかれば、効率化することができるのです。

工程ごとに実績登録の進捗を管理します。遅れがあれば迅速に挽回策を講じることで製造効率を向上させます。

2 ロットナンバー管理、シリアルナンバー管理

実績を登録する際、製造日や使った部材を特性するために、**ロットナンバー**を採番することがあります。製造時にロットナンバーがあれば、ロットナンバーを頼りに同時に製造された多数の製品の製造実績を追いかけることができます。この製造実績を追いかけることを**トレーサビリティ**といいます。

出荷や完成品から製造、原材料へとさかのぼってトレースすることを**トレースバック**といい、問題箇所を特定することができます。問題箇所から製品、出荷先へと追いかけることを**トレースフォワード**といいます。トレースフォワードは、顧客や流通に対し、どこまで不具合の恐れのある製品が出荷されたということまで追いかけ、リコールや製品回収に繋げることができます。

シリアルナンバーは製品や重要部品などの特定を行う際に使用します。重要製品・部品には打刻などで部品を一意に特定し、不具合時の対応や保守を個別に行います。

27 実績管理が迅速にできれば、工程進捗管理が緻密になる

ERP MES — BI — 計画 / 実績

ハンディーターミナル

PLC：
Programable
Logic
Controller
● IoT端末

材料部品 → 機械加工（加工1 / 加工2）→ 部品組立 → 最終組立 → 塗装 → 整備 → 出荷検査

作業指示 / 作業実績

作業進捗可視化

受注 No.	機種	号機	工程完了（計画）	工程完了実績
生産開始日	2021.11.01	XXX		
11.25	Sub Assy		11.25 9：20	11.25 9：21
11.25	Assy		11.26 9：45	11.26 10：45
11.26	塗装	未着手	11.28 10：00	機械故障
	出荷予定日		2021.12.01	納期遅れリスク

実績計上をリアルタイムに近いタイミングでできれば、工程の作業進捗が見えて、遅れや問題にすぐ気づくことができ、管理レベルが上がる

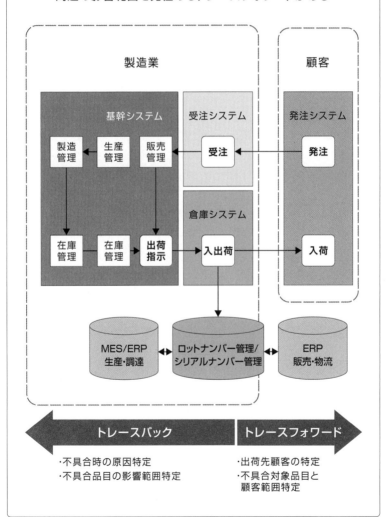

FIGURE 28 トレーサビリティにはトレースバックとトレースフォワードがある

トレーサビリティには、原因をさかのぼるトレースバックと
問題の影響範囲を見極めるトレースフォワードがある

製品とサービスパーツの終売、生産・調達終了

●製品の終売管理と生産終了

製品の生産管理のライフサイクルを考えると、新製品開発、量産、生産終了、終売（販売終了）があります。通常、終売の前に、生産終了が実施されます。しかし、意外と終売や生産終了がおざなりになっている会社を見かけます。

販売の終了を管理することを終売管理といいますが、終売管理がいい加減だと、生産を終了しているのに追加注文が来て、生産終了が帳消しになったり、追加調達が必要になったり、工場が混乱させられる結果になります。混乱を避けるためにも、終売管理と生産終了はきちんと守られなければなりません。

●サービスパーツの終売管理と生産終了、調達終了

終売後はアフターサービスの責任範囲になります。お客様が製品を使い続けている間、保守や修理用のサービスパーツを供給します。ただし、サービスパーツも永久に供給するわけではなく、保障期間を区切りとして供給の責は終了します。

サービスパーツもなかなか供給終了ができない場合もあります。しかし、永久にサービスパーツを供給し続けるわけにはいきません。製品同様に、サービスパーツも供給の期限を守る＝サービスパーツの終売、生産終了、調達終了を管理しなければなりません。

CHAPTER

5

外注管理

　外注管理は他社の工場に製造委託をするに際し、委託先の工場を自社工場と同じくらいのQCD管理を行うことです。外注先と生産計画や能力計画を連携し、必要な部材を供給する支給という業務を行います。

外注管理とは何か

外注管理とは他社の工場に製造委託をすることです。委託先の工場は外注先ではあるものの、自社工場と同等のQCD管理を行います。

1 自社でつくる場合と他社でつくる場合の選択

自社の工場ですべての製造が成り立てばよいのですが、必ずしもそうとは限りません。自社工場の生産能力が不足する場合や自社で製造するとコストが高くなる場合などの状況では製造を委託する場合があります。

外注工場に製造委託する場合は、委託する前に自社でつくるべきか、外注すべきか検討します。品質、コストの面で十分満足がいくか、納期は遵守されるか、といったことが検討されます。

さらに、部材を発注者側から提供する場合の"支給"の要否も検討します。特に、外注工場に資金力がなく、単独で部材が調達できない場合、支給を行うことが多くなります。支給を行う際は、無償で支給するか、有償(価格をつけて売ること)で支給するか、決定します。

また、製造委託する際に金型を支給する場合もあります。金型を支給する際も、無償で支給するのか、有償で支給するのか決定します。図面の扱いでも違いがあります。委託先である外注工場に図面を提供する場合(**貸与図方式**といいます)と外注工場側が図面を作成し、発注者側から承認を受ける場合(**承認図方式**といいます)があります。

OEM*は自社ブランドではない製品を製造することです。OEM製造を委託できると、発注者側は設備投資が少なくて済みますし、受託する側は稼働率向上、技術の蓄積などのメリットがあります。

29 内作品、外作品、OEM の分類

製造形態	内容
内作品	自社工場で製造すること。内製品ともいう。
外注品	他社工場に製造を委託する製造形態。外作品、外製品ともいう。製品製造や、途中の部品や材料などの中間的な部材の製造委託もある。
OEM品	他社が自社ブランドの商品として売り出す際、自社ブランドの製品を他社に製造してもらうこと。 製造を請け負う側からすると、他社ブランド品の受託製造すること。

外注管理とは他社の工場に製造委託し、その管理を行うことです。任せっぱなしではなく、連携して自社の生産管理と同じようなレベルの管理を行うことが理想です。

*OEM Original Equipment Manufacturing の略。

外注製造と外注管理の目的

製造業を儲け続けされるために外注製造は行われ、自社製造と同等のQCD目標達成を狙います。自社の設備投資の抑制と生産能力の調整を行い、外注先の技術力を活用します。

1 製造業を儲け続けさせるために外注を活用

生産管理の目的は、工場と工場を経営する製造業を儲け続けさせることです。そのために、外注製造を活用することが有効であれば、積極的に活用すべきです。外注先も自社工場と同等のQCD目標を達成することで、お互いに儲け続けられることが需要です。

2 外注製造による設備投資抑制と生産能力調整

外注製造は、外注先の工場が既に持っている生産設備を活用することで、自社の設備投資を抑制することができます。設備投資には巨額の資金が必要で、かつ、設備の導入には期間がかかります。しかし、他社の設備を使えば、設備投資資金がかからず、既存設備を活用することで、迅速に生産の立ち上げが可能になります。

また、自社工場の生産能力が既に自社製造でいっぱいのときに、外注先の生産能力を活用して、製造を行うことができます。例えば、急な需要があった場合に他社工場に製造を委託することで、製造を継続できます。需要が下がってきたら、外注への委託を絞り、自社製造に振り向けることで、生産能力の調整を行うことができるのです。

3 外注先の技術力の活用

　自社で新製品を開発して発売する際に、自社ではつくり切れない場合、外注先の技術力を活用することもよくあります。例えば、自動車の内装で専門的な生産技術、あるいは職人による伝統的な加工技術が必要なときなどは積極的に外注製造が活用されます。

FIGURE 30　製造外注の目的

製造外注の目的は、

自社を儲け続けされるために外注を活用

➡ **外注製造による設備投資抑制と生産能力調整**

外注の設備を使うことで、
- 資金が不要
- 時間の節約:既にある設備が活用できる
- 生産能力の調整ができる

➡ **外注先の技術力の活用**

外注の技術を活用することで、
- 専門的な生産技術の活用ができる
- 伝統的な加工技術の活用ができる

外注先はパートナーです。自社を儲け続けされるために外注を活用しますが、同時に外注先も儲けさせることも重要です。

CHAPTER

5

外注管理

CHAPTER
5
3

外注計画連携、能力調整、LT 合意

外注先と自社の儲けを最大化し、QCDを守るには、自社工場と同等の計画と能力調整が必要です。また、リードタイムや "まるめ" の合意も必要です。

1 外注工場との計画連携と能力調整

外注工場に発注だけして終わりという製造業も多いものです。しかし、それでは、外注工場の収益確保が難しくなります。いつ来るのかわからない注文を待って、ヒト・モノを準備して、それが使われなかったら大損です。

また、急な大口注文を請けても、ヒト・モノが準備されていなければ要求された納期どおりにつくることができません。残業になったら、さらにコストが上がります。

こうした変動に対し、事前に計画的な準備ができないと外注工場も儲かりせんし、結果、発注側もQCDが確保できなくなります。

そのため、外注先とも長期的な計画の調整と合意が必要なのです。発注側の工場の生産計画と外注への発注計画（購買計画）を共有し、外注側でヒト・モノを適正に準備するための能力計画が必要になります。

外注工場での能力計画の結果、生産能力が足りない場合は前倒し・後倒しの計画と発注を調整したり、残業を調整したりします。また、需要が落ち込み、能力が余ってしまう場合は、稼働がある程度確保できるような発注を計画合意し、発注します。

2 リードタイムの合意や "まるめ" の合意

モノづくりにはそれなりの時間＝**リードタイム**がかかります。発注者のわがままでリードタイムを無視した緊急発注が頻発すると外注工場の製造が混乱し、QCD目標が守れません。結果、発注側にも不利益が生じます。同様に、小さいロットでの発注も無理な製造を引き起こします。外注工場がきちんと収益を上げ、QCDを守れるように計画を共有し、調整していくことは生産管理の重要な仕事です。

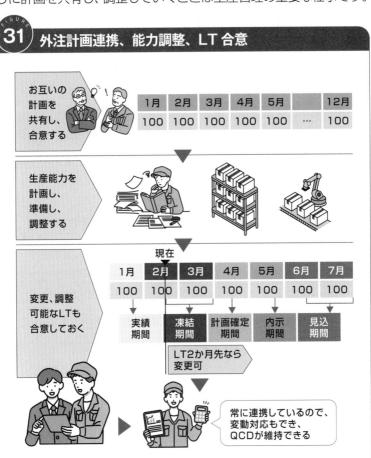

FIGURE
31 外注計画連携、能力調整、LT 合意

お互いの計画を共有し、合意する

1月	2月	3月	4月	5月		12月
100	100	100	100	100	…	100

生産能力を計画し、準備し、調整する

現在

変更、調整可能なLTも合意しておく

1月	2月	3月	4月	5月	6月	7月
100	100	100	100	100	100	100

実績期間　凍結期間　計画確定期間　内示期間　見込期間

LT2か月先なら変更可

常に連携しているので、変動対応もでき、QCDが維持できる

外注発注と部材を供給する支給管理

製造する際に必要な部材を外注先に届けることを支給といいます。支給には "有償支給 "と" 無償支給 " があります。

1 外注先に支給を行う理由

製造を委託する際、必要な部材を外注先がすべて調達できれば問題がありませんが、場合によって調達できないことがあります。例えば、外注先の規模が小さく、信用力がない場合、部材のサプライヤーが取引を渋ることがあります。発注側の規模が大きければ、部材を調達し、支給を行います。

また、外注先が調達するにしても、調達の数量が小さく、割高になる場合は、発注者がまとめて発注し、必要な数量だけ支給することで調達コストを下げることもします。

2 必要な部材の支給数量の計算は所要量計算で行う

支給を行う際に、必要な支給数量を計算するのは所要量計算の業務です。発注側の工場が所要量計算を行い、外注製造所要量と支給所要量を計算します。

支給を行う際には、支給出庫指図に基づき出庫指示を行います。外注先の生産計画に応じた支給出庫をする場合には、外注先からの出庫依頼に基づいて出庫することもあります。

3　有償支給と無償支給

部材を支給する際に、2つの方法があります。1つは**有償支給**です。支給部材を有償で外注先に売るということです。外注先に売るので、在庫は外注の資産になります。

もう1つは、**無償支給**です。無償支給は、外注先に部材を出庫するだけで、在庫は発注者側の資産のままです。

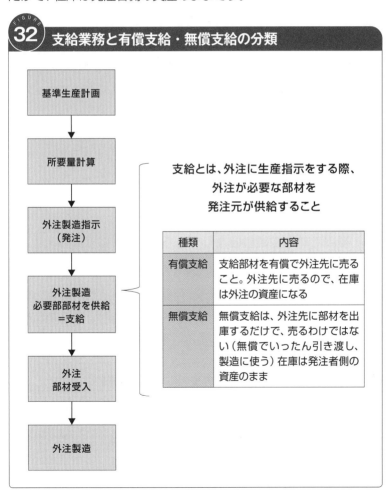

32 支給業務と有償支給・無償支給の分類

基準生産計画

↓

所要量計算

↓

外注製造指示
（発注）

↓

外注製造
必要部材を供給
＝支給

↓

外注
部材受入

↓

外注製造

支給とは、外注に生産指示をする際、
外注が必要な部材を
発注元が供給すること

種類	内容
有償支給	支給部材を有償で外注先に売ること。外注先に売るので、在庫は外注の資産になる
無償支給	無償支給は、外注先に部材を出庫するだけで、売るわけではない（無償でいったん引き渡し、製造に使う）在庫は発注者側の資産のまま

5 外注納期管理、在庫報告と支払い

外注製造の納期管理は購入品と納期管理同等に厳しく行います。
無償支給の場合は発注者資産なので在庫報告をしてもらいます。
また、外注先への支払いは有償支給と無償支給で違いがあります。

1 外注納期管理は厳しく

外注の納期管理は購入部材の納期管理と同様に厳しく行います。
外注先が納期遅れを起こすと生産に影響するからです。

計画段階で能力計画を調整したうえでの、リードタイムを守って
発注するというお膳立てを行って、納期を順守できるようにしてい
るので、このような準備までして納期遅れを起こすようでは、外注
先として猛省と改善をしてもらわなければなりません。きちんと納
期遵守率を測り、改善を促します。

2 無償支給は在庫報告をしてもらう

無償支給の場合、部材の在庫資産は発注者側のものですから、定
期的に**在庫報告**をしてもらいます。所要量計算を正しく行うために
は、正確な在庫情報が必要だからです。また、棚卸もする必要がある
ので、在庫報告は正確に、かつ密にしておきます。

3 有償支給と無償支給での支払い方法の違い

有償支給と無償支給では支払い方法が異なります。有償支給では
部材は外注先に売ってしまうので、部材の原価も含めた製造品単価
で請求してもらい、支払います。

無償支給の場合は、部材を無償で支給しているため、支給部材の原価ぶんは抜いて請求してもらいます。製造に関わる部材のすべてが支給される場合、外注工場は製造の作業に関わるぶんのみ（＝これを**加工費**といいます）を請求します。

有償支給とすべきか、無償支給とすべきかの決定は、よく検討して決めます。外注先にとっては、以下の違いが生じます。

・有償支給は支給部材を外注先が「買って、造って、売るので」外注先の売上額が大きくなります。
・無償支給は加工賃だけになるので、外注先の有償支給に比べて売上額が小さくなります。

33 有償支給と無償支給での支払い方法の違い

種類	支給部材在庫の所有者	在庫報告	支払い方法の違い
有償支給	在庫は外注資産	残在庫の報告は不要	部材は外注先に売ってしまうので、部材の原価も含めた製造品単価で請求してもらい、支払う
無償支給	在庫は発注者資産	残在庫の報告は必須	部材を無償で支給しているため、支給部材の原価ぶんは抜いて請求してもらう。製造に関わる部材のすべてが支給される場合、外注工場は製造の作業に関わるぶんのみ（＝これを加工費という）を請求

ビッグデータ解析、
AIは使えるか?

●「風が吹けば桶屋が儲かる」にならないように

システム処理の能力が上がり、収集した膨大なデータから意味のある傾向や因果関係を導く「**ビッグデータ解析**」が行われるようになりました。データを蓄積・分析することで、人間では気づくことができないような解析結果を得ようというのです。

IoT 端末などで膨大なデータ収集ができるようになったことはよいことですが、相関関係や因果関係を導き出すためには統計モデル化が必要です。モデル化を経ないデータ分析は、時間のムダなのです。いまでも多くのビッグデータ解析プロジェクトでは、「データが集まったが何がわかるのか?」といったお寒い議論がされています。

● AI はパターン化された反復対応を効率化する

こうしたモデル化を、データの処理ロジックをシステムに任せる「**機械学習**」を通して、**AI**＊（人工知能）に行わせることができるだろうとの議論も出ています。

AIはパターンをモデル化したものです。AI 自らがパターン学習により解析結果からパターンと対応ロジックを蓄積するため、人間がいちいち調査し、解析する大変な作業を省くことができます。

機械学習で導かれるロジックは自己回帰的なものになり、さほど複雑なモノにはならず、より反応的なものになるでしょう。

そのため、異常検知、予防保全や点検示唆などの役に立つようになっていくでしょう AI はパターン化された反復対応を効率化する道具になるでしょう。

＊**AI** Artificial Intelligence の略。

在庫管理

　在庫管理とは、在庫数量を適切に管理し、「必要なモノを、必要な場所に、必要なタイミングで、必要な量だけ」揃えることを目的とします。現品を管理し、出庫、入庫という在庫の受け払いを行い、現品と帳簿の在庫数が一致するように管理します。

在庫管理とは何か

在庫は多すぎても困るし、少なすぎても困るものです。多すぎると資金繰りに影響する反面、少なすぎると生産に影響をきたします。

1 在庫はなぜ発生するのか

製造業には在庫がつきものです。完全な無在庫は達成が困難です。在庫はむしろ必要なのです。どのような理由で在庫は発生するのでしょう。

まず、**リードタイムギャップ**があります。"欲しい"という要求の時間（リードタイム）と生産の時間（リードタイム）にギャップがあるからです。つくるのに３日かかるのに、顧客がすぐ欲しいという場合、在庫で対応せざるを得ません。

次に設備特性、**ロットサイズギャップ**です。10個しか要らないのに、1000個つくらざるを得ない場合、余分な製造ぶんは在庫になります。

歩留まりも影響します。100個の内３個失敗する場合、100個良品をつくるには103個つくらないとなりません。これを**歩留まり**といい、歩留まり以上によくできてしまうと余計な在庫になるのです。

ポリシー在庫というものもあります。年度末に在庫を積み上げたり、逆に下げたり、キャンペーン用に在庫を積んだり、会社のポリシーのよって在庫が増減するものです。

2 資金繰りへの影響と納期遵守への影響

在庫はおカネの成り変わったものです。在庫が多すぎる場合、資金繰りに悪影響を及ぼします。逆に少なすぎても、生産が滞り、納期が守れなくなり、売上が立たなくなります。

3 在庫は悪ではない、コントロールできないことが悪

在庫は資金繰りに影響するので、"在庫は悪だ" との考えがあります。しかし、在庫がなければ販売や生産が滞るのです。在庫が悪なのではなく、在庫を "コントロールできないことが悪" なのです。

FIGURE 34 在庫が発生する理由①

なぜ在庫が発生するのかというと…

リードタイムギャップ
生産・調達する時間（供給リードタイム）
需給リードタイムギャップ
顧客が欲しいと思う時間（顧客許容リードタイム）
在庫

ロットサイズギャップ
製造ロットサイズ 10t
投入1t
在庫 9t
設備の都合で、必要以上に製造することになる…

歩留まりギャップ
106 107 109 108 109
100 101 103 100 103
歩留まりの都合で多めにつくり、在庫になる

FIGURE
35　在庫が発生する理由②

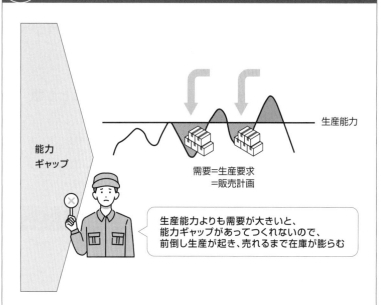

能力
ギャップ

生産能力

需要=生産要求
=販売計画

生産能力よりも需要が大きいと、
能力ギャップがあってつくれないので、
前倒し生産が起き、売れるまで在庫が膨らむ

ポリシーのいろいろ

● 我が社は2か月ぶんの在庫を持つ
● 海外販社に在庫を持て
● 全商品を品揃えせよ
● 絶対欠品しないように…etc.

ポリシー
在庫

ポリシーによって
在庫が生み出される

在庫管理の目的

在庫管理の目的は、在庫数量を適切に管理することであり、「必要なモノを、必要な場所に、必要なタイミングで、必要な量だけ」揃えることが重要です。

1 適正な在庫管理が工場・会社の売上利益に貢献する

在庫は必然的に生じます。杜撰な在庫管理は、在庫ひっ迫時は生産を困難にし、売上を落とし、在庫過剰時には資金繰りを悪化させます。不要な在庫は倉庫を占有することで保管費を増大させ、廃棄になる場合には損失を膨らませ、利益に悪影響を及ぼします。

逆に、適正在庫が維持できれば、適正な生産により、生産と販売を充たし、売上に貢献します。資金繰りにも影響が小さくなり、保管費も廃棄費用も減り、利益を増大させてくれるのです。つまり、適正在庫の目的は、工場・会社の売上利益の維持、増大に貢献することなのです。

2 在庫をコントロールする

在庫を用意する際、「必要なモノを、必要な場所に、必要なタイミングで、必要な量だけ」揃えることが重要なのです。つまり、在庫が計画的にコントロールされていることが肝要です。

在庫は各業務の結果として発生します。営業の販売計画が達成しない、仕販在計画がいい加減、生産が生産計画どおりにならない、品質が悪く、余計に製品をつくり、部材を消費する、納期どおりに部材が入らないといったことが起きると結果的に在庫が適正範囲を超えて増減してしまうのです。

在庫をコントロールするとは、計画と指示・統制の業務をきちんと行うことに尽きます。もちろん、現物としての在庫の現品管理もきちんとしなければなりません。受入・入庫遅れの放置、杜撰な出庫と在庫の紛失、杜撰な在庫ステータス管理などによる、現品管理が甘くなることも在庫の適正管理を失敗させます。

36 在庫管理の目的

在庫管理の目的は、

工場・会社の売上利益に貢献すること

➡ 適正に在庫を持つことで、確実な売上に繋げる
➡ 余計な在庫を持たず、資金繰りを悪化させない
➡ 余計な在庫が発生させるコストを低減する

37 在庫があると発生するコスト

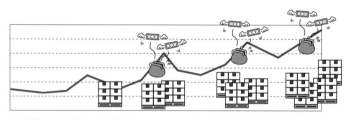

在庫があると必要になる費用

倉庫賃貸料	減価償却費	在庫減耗損
荷役費	固定資産税	在庫廃棄損
保険料	原材料費	廃棄の処理費用
人件費	現金立替期間	輸配送費
水道光熱費	の金利	マーケティング
システム運用費	在庫評価減	（販促）費用

在庫金額の
10％〜20％の
コストが生まれる

CHAPTER
6
3

現品管理と帳簿在庫、入庫管理

在庫管理では、現品をきちんと管理し、現品在庫と帳簿在庫を
整合させ、在庫の入出庫管理、ステータス管理を適切に行うこと
が重要です。

CHAPTER
6
在庫管理

1 現品管理

現品管理の管理レベルが低いと、正確な在庫管理ができなくなり
ます。そのため、所要量計算の精度が落ち、適正な発注ができなくな
ります。また、在庫の欠品により、製造に遅延をきたします。

また、現品管理がしっかりしていないと、モノの所在がつかめず、
探し回ることさえ発生します。製造現場の整理整頓と、モノの所在
を明らかにし、必ず在庫は、決められた場所に、決められた姿で、正
しく保管され、所在が明らかでなければなりません。

2 現品在庫と帳簿在庫の整合

4-4節の出庫管理、受け払いで述べたように、在庫の入出庫管理
をきちんと行い、**現品在庫**と**帳簿在庫**がきちんと整合しておかなけ
ればなりません。

現品在庫と帳簿在庫が相違すると、欠品に気づくのが遅れたり、
発注が正確にできなかったりするため、生産に悪影響を及ぼします。

　購入部材や製造による製造完了品の入庫も正確に、かつ、タイムリーに管理する必要があります。納入された部材は、すぐに自社の在庫として入庫処理を行い、すぐ使えるようになるものもあれば、検査を得て合格によって使えるようになるものがあります。検査合格するまでは、保留品として現場に払い出せないようにブロックをしなければなりません。

FIGURE
38 現品管理がきちんと行えていないと…

現品管理がきちんとできていないと…

あると思ったら…ない!
欠品だ、生産できない!!

ないと思ったら…山のようにある!
さらに余計に発注してしまった!!

モノの所在が
つかめず、
探し回ってばかり!

工程内の製造仕掛在庫で検査が必要な品目は、合格するまで後工程の製造に使ってはいけません。製造完成品も、検査で合格しなければ出荷可能としてはいけません。後工程に、不良品を引き渡さないためにも、検査中は"保留"ステータスとして管理します。

不良品となった場合は、不具合・不良ステータスとして管理し、適正な処理を受けて廃棄します。

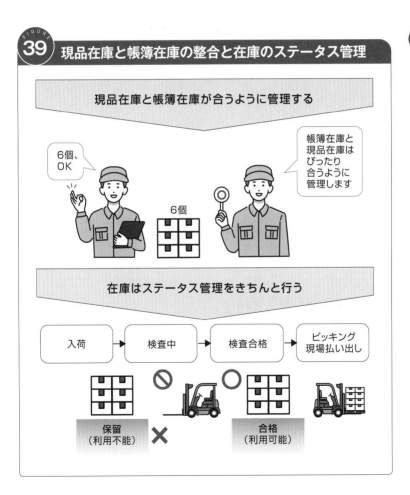

FIGURE 39 現品在庫と帳簿在庫の整合と在庫のステータス管理

現品在庫と帳簿在庫が合うように管理する

6個、OK

6個

帳簿在庫と現品在庫はぴったり合うように管理します

在庫はステータス管理をきちんと行う

入荷 → 検査中 → 検査合格 → ピッキング現場払い出し

保留
（利用不能）

✕

合格
（利用可能）

在庫の期限、状態管理、切り替え管理

在庫管理は扱い品目の特性に応じて様々な管理が必要で、適正に管理することが求められます。

1 期限管理

在庫ステータスとして、必要な場合は**期限管理**も行います。使用期限を設定し、期限を過ぎたものは生産や出荷に使えなくします。また、使用期限が迫ってきている在庫は、期限切れ間近のアラート（警告）出し、生産に投入したり、販売促進したりして、まずは有効活用を試みます。

2 危険物管理

危険物管理も厳密に行います。爆発物は防爆倉庫に保管します。麻薬などは厳重に管理し、受け払いのタイミング、入出庫の受け払い、製造に使用した投入量、入出庫を行った人などをきちんと記録し、管理します。

3 在庫の切り替え管理

設計変更などにより部材の切り替えが起きるときは、切り替えのタイミングと在庫管理を融合して管理します。期限を切って切り替えるときは、期限を厳守して旧部材から新部材に切り替えます。旧部材を使い切るまで新部材に切り替えない場合（これを**消化切替**や**ランニングチェンジ**といいます）、旧部材の在庫がなくなるまで旧部材を使います。

40 在庫の切り替え管理の方法

CHAPTER

6

在庫管理

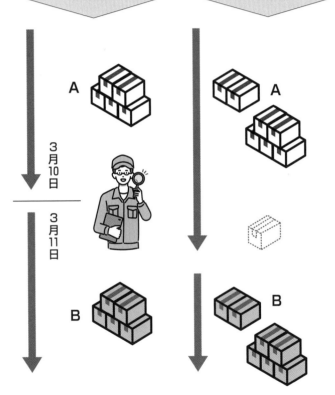

製造に使う在庫の切り替え管理

期限を決めて
切り替える

切替前の品目を使い切ってから、
切り替える

A

A

3月10日

3月11日

B

B

期限を切って強制的に切り替える。
基本的に残った在庫は
使うことができない

使い切って切り替えていくので、
消化切替またはランニングチェンジ
とも呼ばれる

93

基準在庫、Min-Max、発注点、ダブルビン

適正在庫を維持するために、基準在庫を設定し、あるいはMin-Maxのような基準を設定して所要量計算を行ったり、発注点を設定したりする。ダブルビンのような簡易な管理もあります。

1　基準在庫を設定し、所要量計算を行う

生産計画を立案して製造指図にしたり、調達数量を計算し、購買指図にしたりする際に、在庫を適正に計算するため**基準在庫**が設定されます。基準在庫は、以下のように定義します。

基準在庫＝サイクル在庫＋安全在庫 (＝安全率＋変動 (バラツキ) ×$\sqrt{\text{計画サイクル＋発注サイクル (計画＋調達リードタイム)}}$)

サイクル在庫とは、計画期間、つまり、前回発注した日と次回発注する日の間に出荷や生産投入に使うと想定される在庫です。計画サイクル＋発注サイクル (計画＋調達リードタイム＝計画＋発注～入庫までのリードタイム) の間に使われる在庫なのでサイクル在庫といいます。

安全在庫は、発注サイクル (計画＋調達リードタイム) の間に想定されたサイクル在庫の消費の変動 (バラツキ) ぶんをカバーする安全余裕を指します。**安全率**はどこまで外れるぶんをカバーするかという目安です。安全率が大きいほどカバーされる範囲は大きくなりますが、それだけ安全在庫が増えます。変動 (バラツキ) は統計的な計算により算出します。

仮に発注サイクル（計画＋調達リードタイム）が4週間として、4週間内の在庫を使う計画値が100、変動ぶんを±10とし、安全率を3とします。この場合の

サイクル在庫100+安全在庫3×10×√4=100+60=160

が基準在庫になります。仮に実在庫が40の場合、160の基準在庫を充たすため、160−40=120が正味の所要量になります。

2 簡易な手法としての基準在庫

サイクル在庫＋安全在庫という計算をとらず、もっと経験的に簡易に基準在庫を設けることもよく行われます。これは、「販売計画の2週間ぶんの在庫を持つ」、「過去の出荷実績（生産使用実績）の2か月分の在庫を持つ」といった設定です。

3 Min-Max法を使って所要量計算を行う

在庫が設定された最小値＝Min値を切ったら、最大値＝Max値までの所要量を発注する方法が**Min-Max法**です。例えば、Min値10を切ったら、Max値100まで補充する計算を行います。10を切って8の場合、100−（10−2）＝92が正味の所要量になり、発注数になります。

4 発注点設定による発注点管理

Min-Max法と似た考え方が**発注点方式**です。設定された発注点を切ったら、設定された発注数量を発注する方法です。発注点を40、発注数を100とすると、在庫が40を切った時点で100を発注します。

現品管理の延長としてのダブルビン発注管理

　複雑な計算処理を行わず、現品管理の延長で行うのが**ダブルビン方式**です。この場合、ビンとは"入れ物"のことです。ダブルビンは2つの"入れ物"を用意し、1つ目の入れ物を使い切り、2つ目の入れ物の使用が始まったら発注します。2つ目の入れ物を使っている間に発注によって1つ目の入れ物に補充することで、在庫切れがないように発注する方法です。

　ダブルビンは計算処理をせず、目で見て残量を確認し、ビンが空になったら発注するので、現品管理の延長で在庫補充ができる簡易な方法です。

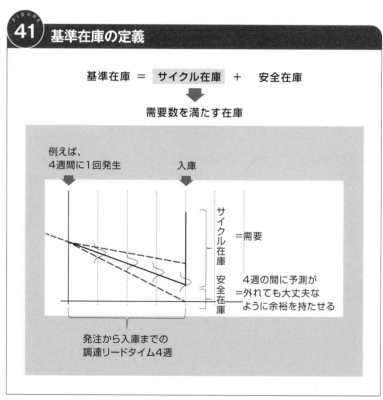

FIGURE
41 **基準在庫の定義**

基準在庫 ＝ サイクル在庫 ＋ 安全在庫

需要数を満たす在庫

例えば、
4週間に1回発生　　　　　　入庫

サイクル在庫 ＝需要

安全在庫 ＝4週の間に予測が外れても大丈夫なように余裕を持たせる

発注から入庫までの
調達リードタイム4週

FIGURE 42 Min-Max 法と発注点

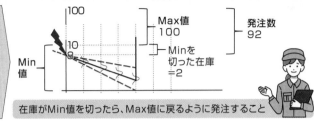

Min-Max法

```
|100
|10
|8
```
Min 値

Max値
100

Minを
切った在庫
=2

発注数
92

在庫がMin値を切ったら、Max値に戻るように発注すること

発注点

```
|40
```
発注点

発注数
100

在庫が発注点を切ったら、決められた発注数で発注すること

FIGURE 43 ダブルビン発注管理

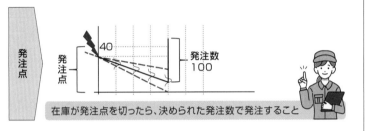

ダブルビン

1つのビンを使い切ったら発注
*ビンとは入物=容器のこと

空いたビンに納入されるまで
もう1つのビンの在庫を使う

ダブルビンの在庫の動き
1ビン目空=発注　　　　　　1ビン目に納入

発注数 = ビンの数量

1ビン目を使用中　　2ビン目を使用中

CHAPTER
6
6

定期的に数量を合わせる棚卸

会計報告のために在庫の数量を正しく数え直すのが棚卸です。
棚卸は平常時の在庫管理が適正であれば楽になり、いい加減であると大変になります。

1 棚卸とはなにか

棚卸とは、部材や製品などの在庫の数量を数え、在庫金額としてどれだけあるかを集計することです。集計された在庫金額は会計数値として、原材料、仕掛品、製品、貯蔵品として計上されます。

計上された金額は、財務諸表上の原材料、仕掛品、製品、貯蔵品の各金額として報告されます。

棚卸作業は在庫を数えることです。帳簿、またはシステムにある在庫と現物在庫には差異が生じることがあるため、数えることで数量を合わせるのです。

2 "帳簿棚卸" と "実地棚卸"、"システム棚卸"

帳簿に在庫をチェックし、記帳ミスがないか確認することを帳簿棚卸といいます。現品在庫を数えることと実地棚卸といいます。棚卸に台帳管理がシステムで行われている場合帳簿棚卸" にあたるものがシステム棚卸です。

3 在庫差異が生じた場合、在庫補正を行う

"実" の在庫は" 実地棚卸" の結果である現品在庫です。在庫差異が生じた場合、基本は現物である現品在庫数量に合わせて帳簿、またはシステムの在庫数量を補正します。差異は単に数量を合わせるだ

けでなく、会計上の処理も行って、数量と金額の補正を行います。このとき、なぜ差異が生じたのか調べて、今後差異が発生しないように対策も行います。

4 一斉棚卸と循環棚卸

決算時に、工場中の棚卸を一斉に行うことを**一斉棚卸**といいます。工場総出で、ときには本社間接部門や営業などの応援を受け、さらには工場を稼働停止にして、正確な棚卸を行います。

棚卸は主に決算期末や中間決算の会計報告用に実施されますが、あまりに品種が多かったりすると数を数える作業が大変になるので、毎月定期的に保管場所を決めて巡回し、棚卸をすることを**循環棚卸**といいます。

FIGURE 44 一斉棚卸と循環棚卸

棚卸は、在庫の現品と帳簿在庫の差異（棚卸差異という）を発見し、現品に合わせて帳簿修正すること

一斉棚卸

生産を止めたり、入出庫を止めて、一斉に棚卸作業をすること

循環棚卸

工場や倉庫のロケーションを区切って、生産や入出庫を止めずに、期間を決め、順を追って棚卸作業をしていくこと

COLUMN
避けて通れない生産管理システムの再構築

●生産管理システムの保守切れと老朽化、スパゲッティー化

　日本の製造業の多くは、古いホストシステムで生産管理が構築されています。ホストも老朽化し、ソフトウェアの保守もハードウェアの保守も打ち切りの状況に直面しています。

　長年追加開発を繰り返し、ソースコードもスパゲッティー化してしまい、仕様がわかる人も資料もなく、維持が困難なのです。

●生産業務を熟知した人材と生産業務を熟知した IT 人材の枯渇

　いまは、複雑化した生産活動の全体を把握し、理解している人が少なくなってしまいました。多くは、個別作業の断片的な理解をしている人がいるだけで、自分の作業しか理解していない人が増え、自分の前後の業務とのつながりもあまり理解していません。

　IT 人材に至っては業務の断片的な理解さえなく、いわれたことをやるだけの保守対応人材に陥っています。プログラム修正をしているだけで、大規模なシステムの要件定義や設計経験がなく、プロジェクトマネジメントのスキルは皆無です。

　生産業務を熟知した業務人材と生産業務を熟知したスキルのある IT 人材が枯渇した状態は、危機的な状態です。

　工場の人材も IT 人材も自社業務への基礎的な理解と生産管理のフレームワークを学習しなければなりません。

CHAPTER

7

納期回答・出荷管理

納期回答は、顧客や営業に生産の納期を答えることです。
納期回答の良し悪しが受注に影響するため、重要な業務です。
正確な納期回答を行うためには、きちんとした計画管理、進
捗管理が必要で、高い管理レベルが求められます。

納期回答と出荷・輸送管理とは何か

確実な受注をとるために納期回答は重要な業務です。生産管理は営業と協力して正確な納期回答を心がけます。納期どおりの出荷・輸送管理も顧客満足に影響します。

1 納期回答とは何か

納期回答というのは営業の仕事と思うかもしれません。営業側に引き渡された製品在庫に対する納期回答は営業の仕事ですが、製品在庫がない場合や受注生産などでは、工場が納期回答をする必要性が生じます。

特に、製品が欠品していて、顧客から引き合いがある場合などは、営業にとっても速く、正確な納期が返せれば受注できるわけです。また、受注生産でも、速く、正確な納期が返せれば同様に受注に貢献できます。

しかし、速く、正確な納期回答を返すのはなかなか難しいものです。ルールで決められた標準の納期を返すなら速く、簡単ですが、その納期をきちんと守るためには高い生産管理レベルが要求されます。

標準の納期を返すだけでなく、部材の有無、入庫予定を確認し、生産計画に準じた正確な納期を返すには、なおさら高い管理レベルが要求されます。納期回答は、なかなか難しいのです。

2 出荷・輸送管理とは何か

工場で完成した製品の出荷管理も工場の仕事で、生産管理部門が担う場合と工場の物流部門が担う場合があります。せっかく工場で計画どおりに完成しても、出荷が滞ったり、途中の輸送が滞ったりすると顧客に迷惑をかけます。出荷、輸送という業務は、顧客満足に影響するのです。

FIGURE 45 納期回答と出荷・輸送管理が売上と顧客の信頼に結び付く

納期問い合わせ

納期回答

納期回答から出荷・輸送管理まで工場が行うことがある。
この一連の流れがスムーズで、正確な納期回答ができると、受注に結び付き、顧客の信頼を得ることができる

受注

出荷管理

輸送管理

配車・荷渡し

納品

納期回答と出荷・輸送管理の目的

納期回答の目的は受注獲得と顧客満足度の向上です。出荷・輸送管理の目的は顧客満足度の向上と物流コストの低減です。顧客満足は永続的な売上利益の工場に貢献します。

1 速く、正確な納期回答は受注獲得と顧客満足に貢献

納期回答は顧客との接点にあたる業務です。目的は、顧客に速く、正確な納期を返し、受注を獲得し、顧客満足を向上させ、永くリピート客になってもらうことです。

顧客の要求納期に適合した納期回答がベストですが、そうでないときに、速く、正確な納期が返せなければなりません。「いつになるかわかりません」などという回答では、顧客はどこかに行ってしまいます。顧客にも欲しい事情があるのです。まともに納期を返せないようでは、顧客満足は大きく低下します。

工場が、速く、正確な納期を返すことは、受注を獲得し、顧客満足を向上させ、顧客を永くつなぎ留めてリピートを促し、企業の売上利益に貢献することが目的なのです。

2 出荷・輸送管理は顧客満足とコスト低減も目的

出荷・輸送管理は約束した納期どおりに顧客にモノをお届けすることです。納期どおりの到着は顧客の満足度を上げます。もし、納期どおりに届かないと、顧客側のビジネスに支障をきたします。顧客満足度が下がり、次の取引がなくなるかもしれないのです。そのため、納期どおりの出荷と輸送は重要なのです。

しかし、納期を守るために、あるいは、顧客へのサービスとして短納期のお届けをするとしても、いくらでもコストがかけられるわけではありません。物流費は年々高騰しています。適正な範囲に物流コストを抑え、そのうえで顧客サービスを満足させるには、出荷・輸送管理に高い管理レベルが求められるのです。

FIGURE 46 納期回答と出荷・輸送管理の目的

納期回答の目的は、

・納期回答は受注獲得と顧客満足に貢献すること

➡顧客に速く、正確な納期を返し、受注を獲得する
➡速く、正確な納期回答は顧客満足度を上げる

出荷・輸送管理の目的は、

・顧客満足の向上とコスト低減

➡約束した納期どおりに顧客にモノをお届けする
➡適正な範囲に物流コストを抑える

納期回答は本来営業の仕事ですが、その基礎となる情報は工場が担っていることがあります。また、出荷・輸送管理は物流の仕事のように見えますが、その基礎となる指示や制約は工場が決めることがあります。

様々な納期回答の種類とその対応

> 納期回答は、需要の種類に応じて、納期照会に対する回答と受注に対する回答があります。また、納期を返す際の方法の種類として標準納期回答と計画した結果の計画ベースの納期回答があります。

1 需要に応じた納期回答の仕方

納期回答といっても、種類があります。種類に応じて自社の納期回答を定義しておかないと、会社にとって無理難題を押し付けられるので注意が必要です。

需要に応じた種類では、納期照会に対する回答と受注に対する回答があります。**納期照会**は単なる問い合わせです。「注文したらいつ届くのか」という問い合わせです。納期照会はあくまで問い合わせですから、このときの納期回答はあくまで納期情報であり、確約ではありません。納期の確約は、顧客の発注＝受注があってから初めてするものですから、ここは区別が必要です。

発注していない相手から、後になって「なぜないのか」といわれても筋違いです。在庫を押さえたい、確実な購入がしたいなら発注すべきなのです。

受注に対しての納期回答は納期の確約になります。その点で、納期照会に対して返すのは納期情報、受注に対して返すのが納期回答と明確に定義すべきです。

2 返す納期を算出する根拠による違い

　納期情報、納期回答ともに、返す納期を算出する方法も複数あります。まず、標準納期回答です。**標準納期回答**は決められた回答ルールで答えるものです。受注して1週間が標準納期と定義されていれば、「受注後1週間」と機械的に答えるのです。あくまで標準ですので、必ずしも守られるわけではありません。納期照会に対する納期情報になります、または、在庫がない場合の納期情報になります。

　次に、製品在庫がある場合、在庫を引き当てて納期回答をします。この方法は、**実納期回答**といいます。実在する現物を引き当てて回答するので確実です。受注に対する納期回答です。既に確定した生産計画に基づく製品入庫予定を引き当てるのも実納期回答といえます。

　一方、生産計画を立案して答える場合もあります。計画ベースの納期回答です。受注生産の場合、あるいか生産計画にない受注から生産計画を立案して回答します。計画ベースの納期回答は、生産能力の考慮や部材の有無の考慮、輸送制約の考慮が必要で、高度な納期回答になります。

　納期照会の時点でも、計画ベースの納期情報提供を求められる阿合があります。このときは同様に、生産能力の考慮や部材の有無の考慮、輸送制約の考慮が必要で、高度な納期回答になります。

納期回答には標準納期回答があります。ルールに基づいて回答する納期で、時と場によっては、実際の納期を示すものではありません。

47 様々な納期回答の種類

種類	トリガー	概要
標準納期回答	受注	受注に対し、標準リードタイムで納期回答を返す
実納期回答	受注	受注に対し在庫を引き当て、引当可能な場合、設定された納入リードタイムで回答する
輸配送考慮納期回答	受注	受注に対し、在庫を引き当て、引当可能であった倉庫から輸送ルートと輸送リードタイムを考慮して回答する
生産計画立案納期回答	受注	見込生産で在庫引当ができない場合、または受注生産において標準リードタイムで納期回答をしない場合、生産計画を立案し、回答する

種類	トリガー	概要
標準納期情報	納期照会	納期問い合わせに対し、標準リードタイムで納期回答を返す
在庫確認納期情報	納期照会	納期問い合わせに対し、在庫の有無を確認し、回答する
輸配送考慮納期情報	納期照会	納期問い合わせに対し、引当可能で、出荷可能な倉庫から輸送ルートと輸送リードタイムを考慮して回答する
生産計画立案納期回答	納期照会	生産計画をシミュレーション的に立案し、回答する

種類	トリガー	概要
生産/物流トラッキング情報	進捗変化	生産進捗、輸送進捗に応じて納期を更新する。重要だが、業務、システムとも高度な情報を回答する

受注と生産計画、進捗管理の連携

納期回答は単純ではない、難しい業務です。計画ベースの納期回答と製造進捗の反映による納期変更の難しさと営業、顧客による納期変更、問合せ、督促への対応の煩わしさの低減の難しさがあります。

1 計画ベースの納期回答は難しい

納期回答を簡単に考えている人も多いのですが、実際はそうではありません。計画ベースで正確な納期を返すには、制約条件を考慮した正確な小日程計画が立案できなければなりません。

設備稼働、人員制約、部材の有無、段取りの組み合わせによる稼働時間の消費の最適化をチェックし、他の製品の納期との兼ね合いで新しい追加需要に対する計画をどこに入れるのか、計画が入らない場合、他の計画を動かしてよいかどうか判断や意思決定が必要になります。

こうした試行錯誤、シミュレーションを人手で行うのは難しいのです。一方、システムでできるかというと、同様に難しいシステム仕様になり、簡単には実現できないのです。

あまり、過度な正確性、迅速性を求めた計画ベースの納期回答の業務や仕組みをつくるよりも、顧客との取り決めで余裕を持った納期回答ができる関係性を築くほうが合理的です。

顧客側の納期変更や前倒しなどが多く、納期回答要請が多い場合、生産側が疲弊します。受注の前倒しや納期短縮はルール違反ですから、生産管理が頑張るのではなく、営業が顧客との関係性を強化し、合理的な商取引を実現すべきです。また、商談管理が必要な業界であれば、商談プロセスを管理し、商談の中で希望納期と回答納期をすり合わせるべきです。顧客の都合ばかり聞かずに、自社の都合も考慮し、供給可能で適正なコストで、現実的な納期に落とし込むように調整すべきです。

営業は顧客の立場に立ちがちです。それも正しい面はありますが、だからといって顧客都合、顧客のいいなりで生産を振り回していては、会社に不利益を被らせる結果になります。

度重なる納期変更は需要コントロール、顧客との商談コントロールの失敗です。営業の事情もあるでしょうが、生産と営業で連携して顧客の需要と納期をコントロールする努力をすべきではないでしょうか。

納期変更が多い場合、営業側は顧客と納期調整できるように顧客との関係を強化し、生産側と実現可能な納期を調整すべきです。

48 正確な納期回答には、受注と生産計画、進捗管理の連携が必要

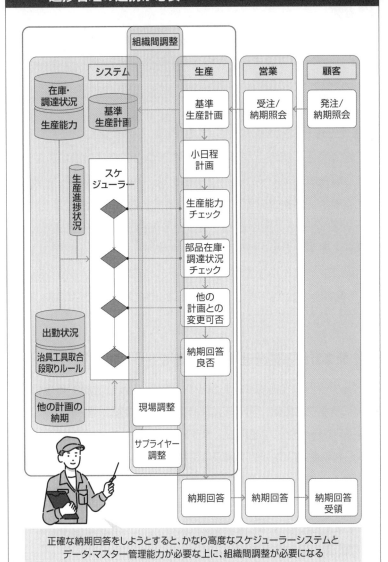

	組織間調整		生産	営業	顧客
	システム				
在庫・調達状況 / 生産能力	基準生産計画		基準生産計画	受注/納期照会	発注/納期照会
生産進捗状況	スケジューラー	◆	小日程計画		
		◆	生産能力チェック		
		◆	部品在庫・調達状況チェック		
出勤状況 / 治具工具取合段取りルール		◆	他の計画との変更可否		
他の計画の納期			納期回答良否		
		現場調整			
		サプライヤー調整			
			納期回答	納期回答	納期回答受領

正確な納期回答をしようとすると、かなり高度なスケジューラーシステムと
データ・マスター管理能力が必要な上に、組織間調整が必要になる

CHAPTER 7 納期回答・出荷管理

111

出荷と輸送を計画する輸配送計画

出荷と輸送は、計画的に行わなければ納期を守ることができません。効率的な出荷指示と輸送に関わる計画は、納期遵守に必須な業務です。

1 製品出荷をコントロールする

工場で製品が出来上がって、そのまま隣接の営業倉庫に入庫してしまう場合は簡単ですが、工場が各地域にある営業倉庫に入庫を計画する場合、工場が出荷をコントロールする必要性が生じます。

例えば、入庫する営業倉庫が複数ある場合など、どの倉庫に、どの製品を入庫するのかを計画的に振り分けていくことが必要です。

出荷コントロールを生産管理の業務として行う工場も多くあります。各倉庫が欠品しないよう、同時に過剰在庫にならないように出荷をコントロールします。

2 配車計画と輸配送ルート計画を行う

工場から出荷する際に、トラックを手配する必要がある場合、必要なトラックの配車を計画しなければなりません。出荷数量に応じて方面別のトラックを計画し、同時に各トラックにはできるだけ荷を積んで積載効率を上げた積み付け計画もつくります。

工場に物流部門がある場合は、物流部門が**配車計画**を行いますが、そうでない場合、生産管理部門が配車計画を行い、トラックを手配することも多いのです。配車計画が終わったら、最適ルートを考えて、**輸配送ルート計画**を行います。

3 船の予約、航空機の予約を行う

製品を輸出する際は、船の予約と手配、航空機の予約と手配を行います。工場に物流部門や貿易部門がある場合は、物流部門や貿易部門が予約と手配を行いますが、そうでない場合、生産管理部門が行います。

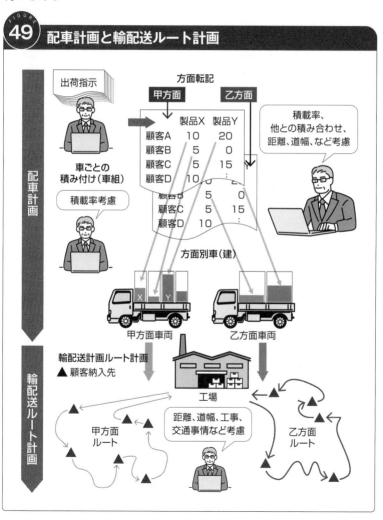

FIGURE 49 配車計画と輸配送ルート計画

出荷指示

方面転記

甲方面　乙方面

	製品X	製品Y
顧客A	10	20
顧客B	5	0
顧客C	5	15
顧客D	10	

積載率、他との積み合わせ、距離、道幅、など考慮

車ごとの積み付け（車組）

積載率考慮

顧客B	5	0
顧客C	5	15
顧客D	10	

方面別車（建）

X Y

甲方面車両　乙方面車両

配車計画

輸配送計画ルート計画
▲ 顧客納入先

工場

甲方面ルート

距離、道幅、工事、交通事情など考慮

乙方面ルート

輸配送ルート計画

工場で行う出荷・輸送管理のいろいろ

工場で行う出荷・輸送管理は専門の部門がないと、生産管理部門が担うことになります。出荷整備とオプションの組付け、物流加工の代行、貿易の対応、出荷後の物流トラッキングなどです。

1 工場在庫の出荷整備、オプション組付け

工場に製品に近い形状の在庫が保管され、受注に基づいて出荷整備したり、追加オプションをつけたりする場合があります。

受注後、出荷整備指示とオプション組付けの指示を生産管理が行います。その際、作業指示を生成するための作業指図がつくられ、必要な部材の所要量計算が行われるのであれば、出荷整備とオプション組付けの基準生産計画の登録とBOMの設定が必要になります。

しかし、手間を考えるとそこまでの仕組みづくりはできず、人的な指示と部材引当、作業指示、出庫指示になることも多くあります。ただし、作業実績の計上、部材の引き落としを正しく行うためには、作業の指図を発行すべきです。また、必要なオプション部品の所要量計算、発注も行います。

2 流通加工の代行

通常は物流倉庫での作業を工場で行うこともあります。複数製品を詰め合わせるセット梱包などです。本来、こうした作業は流通加工と呼ばれ、倉庫での作業になるため生産管理は関わりません。しかし、物流の作業ではなく、工場在庫を流通加工的な製造作業で行う場合は、生産管理部門が差配することになります。

こうした作業の指図も必要に応じて生産管理が発行します。必要な梱包材などの副資材の調達も行います。

3 貿易業務

海外への輸出がある場合、輸出に関わる業務を行います。貿易部門があればそこが行いますが、貿易部門がない場合は生産管理部門が行うこともあります。

輸出を待つ海貨倉庫への輸送計画を行い、トラックを手配し、輸出書類を作り、輸出手続きを行う乙仲業者とのやり取りを行います。

4 出荷後物流トラッキング

出荷された荷物がいまどこにあるのかを問われることがあります。顧客や海外倉庫に到着するまでの物流過程を追いかける（**トラッキング**する）業務です。

国内輸送の場合は、輸配送業者に引き渡した後、輸配送業者の物流進捗を追えばよいのですが、海外輸送の場合は簡単ではありません。海貨倉庫、船に乗った、船上、港に着いた、通関処理中、国内輸送中、倉庫着荷といった各物流業務での輸送進捗を追いかけられる仕組みが必要です。こうした仕組みは、自前では構築困難です。物流トラッキングの仕組みを持つ物流会社との連携が必要です。

FIGURE 50 輸出業務と輸入業務

輸出		輸入	
船舶輸送	航空輸送	船舶輸送	航空輸送
ブッキング	ブッキング	A/Nの発行	到着/引き取り
P/L, I/V作成引き合渡し	P/L, I/V作成引き合渡し	到着/コンテナヤード搬入	コンテナヤード搬入
輸送（ドレージ）	輸送（ドレージ）	デバンニング	積み下ろし
コンテナヤード搬入/蔵置	積み下ろし	B/L, L/Gの差し入れ	保税蔵置搬入
バンニング	検量/検尺/AWBラベリング	輸入申告	輸入申告
輸出申告/D/R, CLP作成	輸出申告/D/R, CLP作成	税関検査/書類審査	税関検査/書類審査
輸出通関	輸出通関	関税納付/輸入許可	関税納付/輸入許可
積込/輸送/B/ L発行	航空会社搬入/輸送	配達	配達

P/L:パッキングリスト、 I/V:インボイス、D/R:ドック・レシート　CLP:コンテナロードプラン
AWB:エアウェイビル、B/L:船荷証券　A/N:アライバルノーティス、L/G:保証状

51 物流トラッキング

物流トラッキング

購入側企業	出荷側企業	国際輸送業者	国内輸送業者 （輸出先国）	物流 トラッキング
注文書	注文書			注文ナンバー 注文明細
受注書 受注明細	受注書 受注明細			受注ナンバー 受注明細
出荷明細	出荷明細			
	出荷指図			出荷ナンバー 出荷情報
船舶予約	船舶予約			船積情報
		輸送		貨物輸送 情報
			通関	通関情報
納品書	納品書		納品書	納入情報
受領確認書				受領情報

国際物流：船舶輸送時の物流トラッキング

CHAPTER

7

納期回答・出荷管理

工場のDX化と情報システム部門の戦略部門化

●日本の製造業のIT化は相当に遅れている

日本の製造業のIT化は遅れています。人に依存して生産活動を行ってきたため、属人化し、システム投資を怠ってきました。

営業の日報はメールかワープロ、請求書もワープロか表計算ソフト、生産計画も表計算ソフト、実績取集は紙、原材料発注の所要量計算も表計算ソフトといった状態です。いわゆるシステムを活用する部分はほんの少しです。

●システムなしの人による作業では競争に負ける

システムがないことで、ムダに人が必要になります。スピードも遅く、顧客に迷惑をかけ、コストもかかるといったありさまです。

転勤してどこの拠点に行っても同じやり方と管理で、同じシステムを使ってすぐ仕事ができるといった状態にはないのです。引継ぎといって、仕事ができるようになるまで相当な時間を浪費します。

● DXという言葉の勢いは利用すべき

DX*という、企業をデジタル技術で変革する取り組みへ必要性が盛んにいわれています。数年後には当たり前になって、DXという言葉は消えるかもしれませんが、この言葉の力を借りて、システム化を推進するのも1つの手です。DXという言葉で経営陣をやる気にさせ、システム投資を行い、競争力を底上げする取り組みを起こすのです。

とにかく、生産管理のIT化、DX化は必須であり、急ぐ必要があります。

---

*DX　Digital Transformation の略。

生産管理と連携する
工場の各機能

　生産活動を適正に行うためには、生産管理と連携して、品質管理、設備稼働管理、品目構成管理、図面管理、原価管理、エネルギー管理、CO₂排出量管理を行うことが必要です。また、生産の足腰となる現場改善管理と現品管理は工場には必須の管理となります。

品質を維持する品質管理

品質管理は、製造・工程管理、品質検査を通じて品質改善を行い、顧客に提供される品目の品質を保証することです。

1 品質管理とは何か

　品質管理とは、製造の工程で、製品の品質を管理し、狙いどおりの品質を維持し、必要に応じて改善していく取り組みです。品質管理には、製造・工程管理による工程・作業設計と製造記録、品質検査と品質記録、分析、そして品質改善活動があります。

2 製造・工程管理による工程・作業設計と製造記録

　品質を維持するには、正しい作業手順と正しい作業標準が必要になります。工程の順序、作業手順、作業の中で守るべき基準を設計します。

　作業指示時には、工程順序、作業手順、作業標準を守るように指示・統制し、作業結果を記録し、製造記録とします。設定された工程順序、作業手順、作業標準が結果としてどうだったのかを記録し、不具合点を追いかけられるように製造記録として保管します。正しく品質がつくり込まれるよう、工程順序、作業手順、作業標準を設計し、指示・統制し、結果を検証する、まさにPDCサイクルが回るのです。

3 品質検査と品質記録、分析

　各工程で出来上がった品目は、必要に応じて工程検査を行い、記録をします。また、出来上がった製品は完成検査を行い、出荷の判定をします。不良が発生した場合は、次の工程への投入を止めたり、出

荷を止めたりします。後工程や市場に不良品を出さない歯止めになります。検査結果はデータ化され、統計的な分析に活用されます。

④ 品質改善活動

品質問題を起こした際は、製造記録をチェックしたり、検査結果を分析したりして、原因を追究し、改善を行います。

FIGURE 52　品質管理の業務対応上の分類

	製造・工程管理による工程・作業設計と製造記録	品質検査と品質記録、分析
概要	製造指示による統制と製造実行の記録	製造品、購入品の品質担保のための検査と記録
手順	工程順序、作業手順、作業標準を守るように指示・統制し、作業結果を記録	完成品の出荷検査、製造中間品工程内検査、購入品の受入時品質検査
実施者	製造部門	品質管理部門
問題発生時の改善方法	工程改善、作業改善、作業標準の改訂、など	部材変更、工程改善、作業改善、作業標準の改訂への示唆

品質管理は日本の製造業を世界に飛躍させました。これまでも、これからも大切な管理技法です。

FIGURE 53 QC と TQC

品質管理の発祥は統計的品質管理

「抜き取り検査」や「全数検査」を行って、**外部に不良品を出さないようにする**ことがスタート

↓

事後対応ではなく、事前に不良を出さないようにするために、「**工程で品質をつくり込む**」という考えが広まる

↓

これを**QC**＊といい、**QC7つ道具**などを使いながら、継続的な改善を行い、不良を生む原因を撲滅していく

↓

QC活動をさらに経営目的に関連付けて全社的な活動にしたものを**TQC**＊**活動**という

↓

QC7つ道具

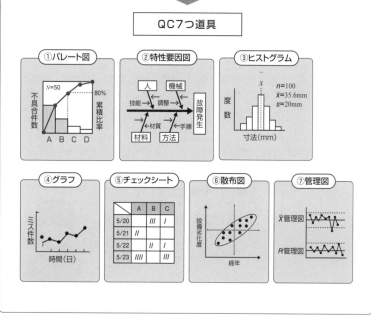

＊**QC**　Quality Control の略。
＊**TQC**　Total Quality Control の略。

設備生産性を上げる設備稼働管理と保全

稼働を上げることで、工場の設備生産性が高まります。稼働実績の管理は原価改善への情報になります。設備保全が適正に行われることで、故障を防ぎ、生産性が向上します。

1 設備稼働管理を行い、設備を常に稼働させる

設備が動き続けることで、生産が滞りなく行われます。設備が停止すると生産ができなくなり、納期が守れず、復旧・修理待ちの間人手が遊んでしまい、無駄なコストが発生します。

常に設備の稼働状況を監視し、停止した際は早急に復旧、修理できる管理体制が重要です。

2 稼働実績データは改善に活かす

設備の稼働実績データを蓄積することで、稼働率が可視化されます。また、製造記録と併せて記録されると、どの品目の製造時に不具合が起きるのか、あるいはどの作業者のときに不具合が起きるのか、などの傾向や原因の探求が可能になります。

原因が推定できれば、対策が考えられ、改善が行えます。稼働実績データは改善に活かすことができるのです。

3 設備を動かし続けるための保全

設備が常に稼働可能で、稼働後は止まることなく動き続けるためには、日常の点検と保全活動が必要です。定期点検・定期保全、稼働前点検はもちろんのこと、定期保全も重要です。

故障が発生した後に、急ぎ修理、復旧できるように事後保全のスキルも大切ですが、運転時間や故障の傾向、予兆をとらえて故障の起きる前に事前保全を行うことも大切です。

特に繁忙期や需要が大きい時期に設備は停めたくありません。定期点検・定期保全、事前保全は必ず実施しましょう。

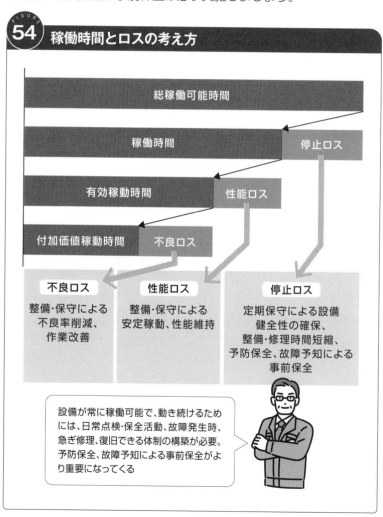

FIGURE

54 稼働時間とロスの考え方

総稼働可能時間

稼働時間 / 停止ロス

有効稼動時間 / 性能ロス

付加価値稼動時間 / 不良ロス

不良ロス	性能ロス	停止ロス
整備・保守による不良率削減、作業改善	整備・保守による安定稼動、性能維持	定期保守による設備健全性の確保、整備・修理時間短縮、予防保全、故障予知による事前保全

設備が常に稼働可能で、動き続けるためには、日常点検・保全活動、故障発生時、急ぎ修理、復旧できる体制の構築が必要。予防保全、故障予知による事前保全がより重要になってくる

品目構成管理と図面管理

生産を実行するには品目と構成の管理、図面の管理が欠かせません。開発部門とも連携し、図面と品目の管理を緻密かつタイムリーに行います。

1 品目構成管理は生産管理の肝

生産管理で所要量計算を行う際、品目の構成が必要です。品目構成は組立製造の場合は**BOM*** といわれ、化学や食品のような液体、粉体などの場合は**レシピ**といわれます。

品目構成は、設計段階で決まります。設計図面を描き、構成品目の機能や必要が決まることで、構成が決まります。設計段階でつくられる構成を**設計BOM**と呼びます。

設計BOMから、工程設計、試作を経て、量産段階で使われる**製造BOM**ができあがります。製造BOMが所要量計算に使われます。

製品を売った後、保守や修理で必要な構成品目を定義したものを**サービスBOM**といいます。サービスBOMにより、修理時にどのような構成品目があれば修理できるかを判断することができます。

2 図面管理の高度化

設計図面は、いまでも紙で管理されている企業も多いものです。これでは、新規製品の設計時に類似図面の活用ができず、保管も、探索（検索）も大変です。できれば、図面は電子化して、検索を容易にしておきます。

---

* **BOM** Bill of Material の略。

③ 製品ライフサイクル管理と変更管理

　設計BOM、製造BOM、サービスBOMは、常に関連させて管理します。品質問題などで部品を変えるなどの設計変更が起きた場合、設計BOM上の構成品目の変更をタイムリーに製造BOM、サービスBOMに連携します。変更情報の連携が滞ると、変更後部品の調達が遅れたり、ムダな変更前在庫を生んだりします。

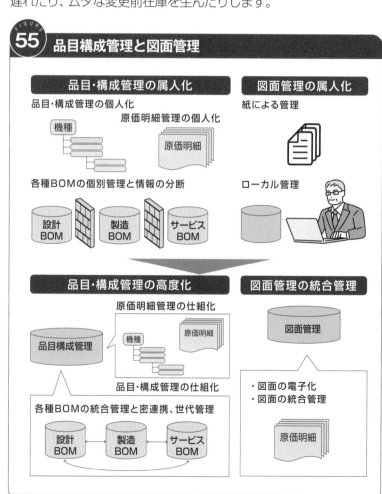

FIGURE 55

品目構成管理と図面管理

品目・構成管理の属人化

品目・構成管理の個人化

原価明細管理の個人化

機種

原価明細

各種BOMの個別管理と情報の分断

設計BOM　製造BOM　サービスBOM

図面管理の属人化

紙による管理

ローカル管理

品目・構成管理の高度化

原価明細管理の仕組化

品目構成管理

機種

原価明細

品目・構成管理の仕組化

各種BOMの統合管理と密連携、世代管理

設計BOM　製造BOM　サービスBOM

図面管理の統合管理

図面管理

・図面の電子化
・図面の統合管理

原価明細

工場成績を明らかにする原価管理

生産活動の成績を金額で評価するのが原価管理です。実際原価を測定し、標準原価と比較します。生産方式により、全部原価計算と個別原価計算を使い分けます。設計段階で企画原価をつくります。

1 実際原価計算と標準原価計算、原価差異、配賦

生産活動を金額で評価するのが**原価計算**です。原価は主に、人が働いた費用である労務費、製造に使う部材の費用である材料費、その他経費に分類されます。

実際にかかった費用を計算するのが**実際原価計算**です。一方、目標となる標準の原価の設定を行うことが標準原価計算です。予算策定時に標準原価を設定します。

実際にかかった実際原価と標準原価の差異を**原価差異**といい、その差異の原因を探索することを**原価差異分析**といいます。原価差異分析に結果、原価を悪化させる要因がわかれば、改善活動を行い、原価低減を行います。

2 直接費、間接費、配賦

費用には直接費と間接費があります。**直接費**とは、特定の製品の製造に関わる費用として認識でき、特定品目に直接集計できる費用です。**直接労務費**、**直接材料費**、**直接経費**と呼ばれます。

一方、どの製品の製造に使ったのか特定しにくい費用もあります。例えば、生産管理部門の労務費や工場の空調に関わる光熱費などです。こうした費用は、**間接費**と呼ばれ、特定製品に直接費用を計上で

きないので、計算をもって費用負担を行う必要が出てきます。これを**配賦**といいます。生産管理部門の労務費は間接労務費、光熱費などは**間接経費**と呼ばれます。また、機械の運転に使う燃料や配賦は、工場でルールを決めて行います。例えば、生産管理部の労務費は生産台数に応じて配賦したりします。

配賦計算の方法は**配賦計算ルール**と呼びます。配賦計算ルールは、より適切に間接費である原価が適切に品目に割り振られるように検討されます。

3 全部原価計算と個別原価計算

原価計算は、生産方式によって原価の集計が異なります。製品に原価を集計していく方法は、**全部原価計算**と呼び、量産品の見込生産に適した原価計算方法です。全部原価計算はかかった費用を全部、製品原価に集計する方法です。

直接原価計算は、直接費だけを集計する原価計算です。製造指図（製造オーダー）ごとに原価が集計されるため、個別性の強い受注生産や、個別設計を伴う個別受注生産に適した原価計算です。

4 設計時の原価企画と原価低減、量産時の原価低減

原価は設計時にほぼ決まってしまうため、量産段階の原価低減活動には限界があります。設計段階に原価を企画し、設計や開発の過程で原価低減を行います。これを**原価企画**といいます

原価企画段階の手法として、**VA/VE***などが使われます。製品機能を洗い出し、その機能実現を行う機能部品について、同じ機能なら安価な購入部品を探す、より低コストにつくれるようにする、な

***VA/VE**　Value Analysis/Value Engineering の略。

どの分析と対案をつくって選択を行い、設計・開発段階でコストダウンを行います。

量産時には決められた工程、作業と部材で製造になるため、打てる手に限度があります。設計段階でコストの80%が決まるといわれています。設計の早い段階からコストダウンを行うことが重要です。

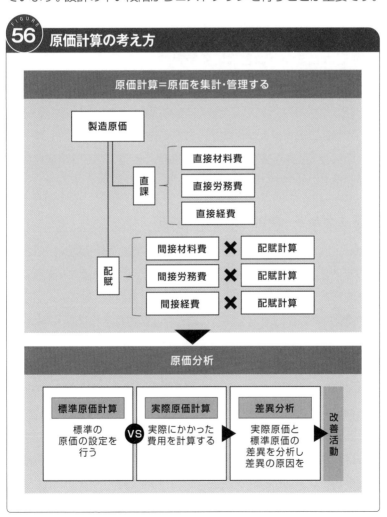

FIGURE 56 原価計算の考え方

原価計算＝原価を集計・管理する

製造原価

直課
- 直接材料費
- 直接労務費
- 直接経費

配賦
- 間接材料費 ✕ 配賦計算
- 間接労務費 ✕ 配賦計算
- 間接経費 ✕ 配賦計算

原価分析

標準原価計算		実際原価計算	差異分析	改善活動
標準の原価の設定を行う	VS	実際にかかった費用を計算する	実際原価と標準原価の差異を分析し差異の原因を	

エネルギー管理と CO_2 排出量管理

気候変動に代表される環境問題への対応が工場にも求められています。エネルギー使用や CO_2 排出量を見える化し、環境への負荷を下げることが求められています。

1 ゼロエミションと環境負荷対応

もともと日本の工場は有害廃棄物や汚排水、汚染したガスを出さないを取り組みは行われてきました。有害な廃棄物を出さない運動として**ゼロエミッション**活動が行われてきました。

ここにきて、気候変動への対応が時代の要請となり、環境負荷対応が必須になってきています。

2 エネルギー使用を見える化する

3R* といわれるように、資源の使用を減らす、再利用する、リサイクルすることが心がけられてきましたが、やはり筆頭は、資源の使用を減らす、Reduce（減らす）です。特に、省資源、省エネとして燃料や電気、水などの使用を減らすことが要請されました。Reuse（再利用）、Recycle（リサイクル）も重要です。容器やコンテナの再利用、溶剤や触媒の回収・再投入などの再利用率の見える化、再生・リサイクルなどのリサイクル率の見える化も大切な取り組みです。

省資源、省エネを行うためには、実際の使用量を見える化します。見える化によって、計画どおりに使用したり、計画を超える使用の際には対策を施したり、使用のピークを避けて電力の使用を平準化したり、といった取り組みを行うことが可能になります。

*3R Reduce、Reuse、Recycle の略。

3 地球温暖化ガスと CO₂ 削減

省資源、省エネに加え、重要になってきているのが、温暖化を避けるための温暖化ガスの排出削減、特に二酸化炭素の削減がテーマになってきています。工場の省資源、省エネを二酸化炭素排出量に換算し、削減していこうという取り組みが重要になってきています。

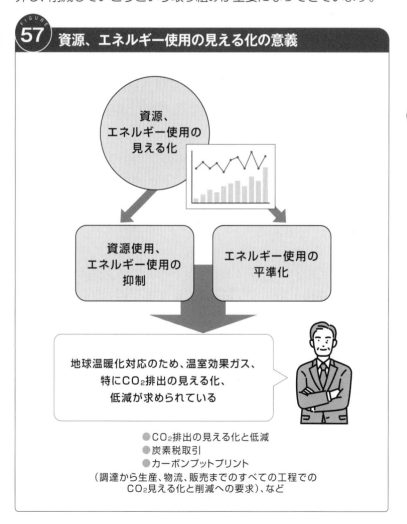

FIGURE 57 資源、エネルギー使用の見える化の意義

資源、エネルギー使用の見える化

資源使用、エネルギー使用の抑制

エネルギー使用の平準化

地球温暖化対応のため、温室効果ガス、特にCO₂排出の見える化、低減が求められている

● CO₂排出の見える化と低減
● 炭素税取引
● カーボンフットプリント
（調達から生産、物流、販売までのすべての工程での
CO₂見える化と削減への要求）、など

生産の足腰となる現場改善と現品管理

5S、作業改善、工程改善、小集団活動など、様々な現場改善が行き届いている工場は、効率的な生産活動が可能になります。現品管理がきちんとしていると、欠品や余計な調達・生産を回避できます。

1 現場改善力は、効率的な生産管理を行う土台

現場改善は日本の工場のお家芸です。効率性を極限まで追求した日本の製造現場の生産性は高いものです。

その基礎は現場改善活動です。5S（整理：Seiri、整頓：Seiton、清掃：Seisou、清潔：Seiketsu、躾：Shituke）が徹底されることで、不要なものがなく、あるべきものはあるべきところにあり、きれいで清潔で、ルールを守る、すっきりとした製造現場が生み出されます。

作業改善では、作業の効率性が追及されます。工程改善では、効率的で平準化生産を求めた工程の組み方、作業の手順が検討されます。効果的な動線、部品の置き方、現場への供給の仕方なども検討されます。

改善は上位下達ではなく、現場の力を知恵も活用します。小集団活動を行い、現場から提案をすることで生産性を上げたり、品質を安定させたり、納期を守るための改善を行ったりします。

2　現品管理はモノの管理の土台

　現品管理もしっかりと行います。台帳に記載された在庫と現物の在庫が合っていること、在庫の受け払いがきちんと行われ、在庫の精度が維持されることで、在庫の数量ミスを避けることができます。在庫数量にミスがなければ、急な欠品による生産遅延は削減され、余計な緊急発注や余計な追加生産も低減できます。精度の高い現品管理が安定調達、安定生産を下支えしてくれるのです。

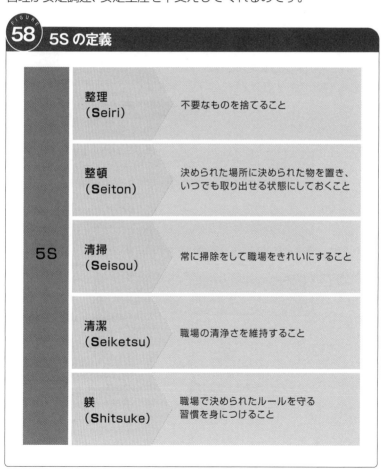

FIGURE 58　5Sの定義

5S	整理 （Seiri）	不要なものを捨てること
	整頓 （Seiton）	決められた場所に決められた物を置き、いつでも取り出せる状態にしておくこと
	清掃 （Seisou）	常に掃除をして職場をきれいにすること
	清潔 （Seiketsu）	職場の清浄さを維持すること
	躾 （Shitsuke）	職場で決められたルールを守る習慣を身につけること

CHAPTER 8　生産管理と連携する工場の各機能

FIGURE
59　作業設計・作業改善の意義

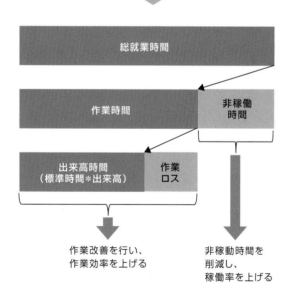

作業設計・作業改善

作業標準を設計することも作業管理の重要な仕事である。勝手な作業方法では作業時間も品質も安定しないからである。

作業設計では、より効率的で時間のかからない作業手順や作業方法が追求される。

総就業時間

作業時間　｜　非稼働時間

出来高時間（標準時間＊出来高）　｜　作業ロス

作業改善を行い、作業効率を上げる

非稼動時間を削減し、稼働率を上げる

小集団活動

小集団活動は、第一線で働く作業者がグループを結成し、職場の課題、問題点をテーマに取り上げて解決していく自主的な改善推進のことである。

現場の共通する問題点を抱えているメンバーが、日々発生している問題点の情報を共有化し、QC手法、IE技法で解析し、真の要因を究明して、改善していく。

品質問題を課題をメインに取り組む小集団活動:QCサークル
設備保全を課題をメインに取り組む小集団活動:TPMサークル

生産管理を経営としての
生産マネジメントへ

● "統制" 的な管理で十分だった日本の生産管理

生産管理は「Production Control」の訳語として付けられました。
"管理" という言葉は曖昧な言葉ですが、使われている意図は「基準
などから外れないように統制すること」であるといえます。

戦後の復興期や高度経済成長期であれば、「つくれば売れる」ため、
作業的な活動を統制管理していれば十分だったでしょう。しかし、「つ
くれば売れる」時代は終わりました。

変化の激しさやリスクに対応しなければ売上・利益が上がらず、生
産が継続できない時代になりました。需要変動が大きく、調達制約が
厳しくなり、単に繰り返す受注や生産、調達を基準どおりにこなして
いれば十分な世界は終わってしまったのです。

● "マネジメント" としての生産管理の再構築が必要に

変化が激しくなってきたため、先々の変化を見通し、リスクを読み、
必要に応じて大きな投資、先行生産、先行調達が必要になりました。
あるいは、過剰なリスクを避けるために、投資、生産、調達をおさえ
ることも判断しなければならなくなりました。

このような判断は、売上や原価、資金繰りに大きな影響を与える意
思決定です。つまり、生産管理は、単なる統制業務ではなく、財務的
なインパクトやビジネスの永続性を考慮した "マネジメント" 業務の
色合いが濃くなったのです。

CHAPTER
9

生産管理に必要な
システム

　現代の生産管理にはシステムは必須です。基準生産計画を
担うサプライチェーンプランナー、資材所要量計算を行う生
産管理システム、製造指示、実績・進捗管理を行う製造実行
システム、倉庫管理システム、製品構成管理システム、原価計
算システムなどが必要です。

基準生産計画：SCP

基準生産計画を立案する際のインプットとなる生販在計画は
SCPで立案します。また、SCPでは、能力制約などの考慮を行う
ことで、最適化した基準生産計画を立案します。

1 生販在計画の立案を行うシステム

生販在計画は、生産計画-販売（出荷）計画-在庫計画を連動させ
て立案する業務です。販売したい数量（または出荷したい数量）を計
画し、そのために必要な在庫数量を求め、その在庫数量を充たすた
めの生産数量を計画します。日本では、生販在計画はその英語の頭
文字をとって**PSI**[*]**計画**と呼ばれます。PSI計画を立案するシステム
が**SCP**[*]です。

SCPは市販されているパッケージソフトもありますが、いまだ多
くの企業では、表計算ソフトを計画担当者が自作して計画立案して
います。計画というのは、人の分析と判断に依存した、曖昧さを残し
た業務ですので、ロジックが決まりきったパッケージソフトでは満
足されないのです。

パッケージソフトを使う場合、過去実績分析や在庫アラート、販
売計画と犯罪実績の乖離のアラートなどの機能が必要になり、追加
開発が膨大になることもよくあります。可視性も限定され、見たい
ように見えない、使いにくい、表計算のほうがよいとなりがちです。

---

[*]PSI　Production-Sales（Ship）-Inventory の略。
[*]SCP　Supply Chain Planner の略。

一方で、表計算は自作に頼るので、表の作成、維持も大変ですし、実績データは手入力、計算ロジックも手設定です。結局計算ロジックが属人化して、標準化されない弊害もあります。

投資コスト、追加開発コスト、効果、運用の負荷、標準化と属人化のバランスも勘案し、適切な導入をしないと大やけどを負うシステムです。

② 制約を考慮し、最適化した基準生産計画をつくる

SCPはただ単純に仕販在計画を立案し、生産要求数量を出すだけでなく、各種制約条件を考慮する機能を持たせることもあります。生産能力に制約がある場合、能力不足でつくれない日や週、月に生産要求を立てても、意味がありません。そうした場合、能力制約に従って前倒しなり、後倒しなりを行って生産要求を行う期間を決めます。

同様に、輸送の制約、ロットもまるめ、調達に制約のある部品の確保状況などを考慮して計画できるようにすることもあります。ハイテク産業でハイテク部品が制約になるような場合、船の輸送能力の取り合いで輸送に制約がある場合など、制約のチェックは必須になります。

しかし、制約の考慮を行うのも、そう簡単ではありません。制約となる設定が正確に設定でき、維持できるか、その制約の考慮は正しいのか、という運用上の問題がつきまといます。当然、計画は曖昧さを残しているので、きっきりとした計算をしてしまうと、かえって受け入れがたい計画になることもあります。

また、制約条件を考慮した際、制限のある制約をどのように配分するかといった、最適化の難しさもあります。例えば、部品が不足する場合、どの製品に優先的に部品を割り当てるかといった問題が起きます。そのとき、売上最大化か、利益最大化か、特定顧客への出荷が最大になるようにすべきか、売りやすい製品を優先すべきか、など結局人の判断が必要となり、ケースバイケースで、ロジックで組み込むことができなくなったりします。

　制約の考慮と最適化が行えるというSCPパッケージソフトもあります。しかし、こうした難しさ、複雑な、曖昧さを残すため、制約の考慮と最適化考えると、標準機能ではできず、膨大な追加開発が必要になることもよくあります。結局、使い勝手が悪く、表計算のほうがよいとの判断にもなることも多いものです。

　制約条件の考慮と最適化の実現性、投資コスト、追加開発コスト、効果、運用の負荷、標準化と属人化のバランスも勘案し、適切な導入をしないと大やけどを負うシステムです。

生販在計画は生産計画、販売計画、在庫計画を統合して計画立案されます。

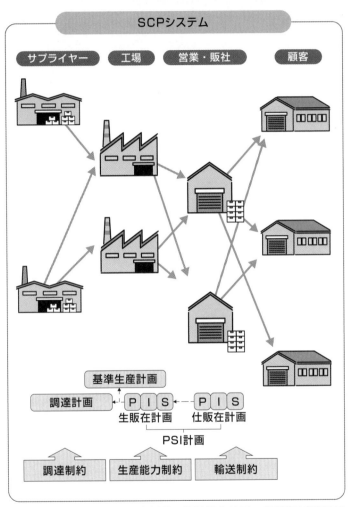

61 PSI計画（仕販在計画・生販在計画）、基準生産計画、調達計画を立案するSCP

SCPシステム

| サプライヤー | 工場 | 営業・販社 | 顧客 |

基準生産計画

調達計画 ← P I S ←--- P I S
                生販在計画   仕販在計画
                └─────┬─────┘
                  PSI計画

調達制約   生産能力制約   輸送制約

SCPシステムは調達制約、生産能力制約、輸送制約を考慮し、PSI計画（仕販在計画・生販在計画）、基準生産計画、調達計画を立案することができる。ただし、高度なシステムで、構築が難しく、表計算ソフトを利用する企業も多い

資材所要量計算：生産管理システム

製品の基準生産計画から構成品目の所要量を算出するシステムはMRP*と呼ばれます。通常は生産管理システムやERP*に搭載されています。

1 資材所要量計算を行う MRP システム

基準生産計画は資材所要量計算のインプットです。MRPへのインプットは**独立需要**、**独立所要**とも呼ばれます。

資材所要量計算により、製品の基準生産計画（独立需要・独立所要）から必要な構成品目の所要量計算が行われます。在庫がある場合は、在庫を差し引いて、正味の所要量（正味所要量）を計算します。

所要量計算は多段工程に渡って計算されます。例えば、組立工程（後工程）➡加工工程（前工程）といった工程間を渡って必要の構成品目所要を算出します。その際、基準生産計画（独立需要・独立所要）から展開された所要量を**従属需要**、または**従属所要**と呼びます。

2 MRP で取り込む BOM、レシピ

所要量展開では、構成品目の数量展開だけでなく、後工程から前工程に生産日や入庫要求日をずらしていくリードタイム戻し、生産要求数や調達数をまるめ、まとめるマスター設定も行います。

資材所要量計算を行う際に構成品目に展開する際に参照するシステムが**BOM***または**レシピ**です。BOM、**レシピ**はマスターに当たるもので、生産管理システムやERPに組み込まれています。

---

* MRP　Material Requirement Planning の略。　* ERP　Enterprise Resource Planning の略。
* BOM　Bill of Material の略。

3 **製番管理は所要量計算でのバリエーション**

製番管理は製品からのオーダーから紐付けて所要量計算を行います。製番管理が行いたい場合、製番管理ができる所要量計算システムを見極めなければなりません。

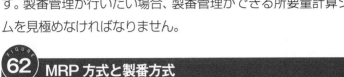

62 **MRP 方式と製番方式**

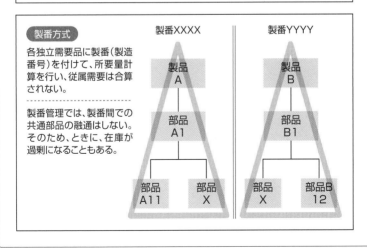

MRP方式

従属需要は同一品目として合算される。

－－－－－－－－－－－－－－－

MRPでは、共通部品は共通で使われる。所要量計算も合算して行われる。生産が多くなると、共通部品の取り合いが発生する。

MRP

製品 A — 部品 A1 — 部品 A11、部品 X
製品 B — 部品 B1 — 部品 X、部品B 12

製番方式

各独立需要品に製番（製造番号）を付けて、所要量計算を行い、従属需要は合算されない。

－－－－－－－－－－－－－－－

製番管理では、製番間での共通部品の融通はしない。そのため、ときに、在庫が過剰になることもある。

製番XXXX

製品 A — 部品 A1 — 部品 A11、部品 X

製番YYYY

製品 B — 部品 B1 — 部品 X、部品B 12

FIGURE
63　資材所要量計算を行う MRP

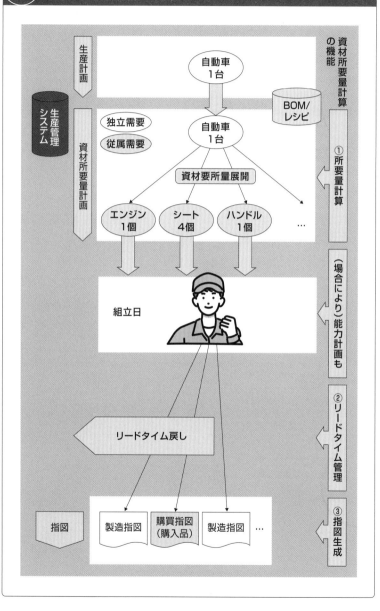

資材所要量計算の機能

生産管理システム

生産計画

資材所要量計画

指図

自動車1台

自動車1台

独立需要
従属需要

資材要所量展開

BOM/レシピ

エンジン1個　シート4個　ハンドル1個　…

組立日

リードタイム戻し

製造指図　購買指図（購入品）　製造指図　…

① 所要量計算

（場合により）能力計画も

② リードタイム管理

③ 指図生成

製造・購買指図：
生産管理基幹システム

製品の基準生産計画から構成品目の所要量を算出するシステムはMRPと呼ばれます。通常は生産管理システムやERPに搭載されています。

1 製造指図、購買指図は生産管理システムから

所要量計算の結果、製造指図、購買指図が生成されます。所要量計算の結果、製造指図と購買の指図が生成されます。製造指図は各工程・場所・職場ごとに出される製造指示のもととなり、購買指図は発注のもととなります。製造指図も購買指図も生産管理システムやERPから発行されます。製造指図、購買指図ともに、承認後、指図が発行され、指示に連携されます。

製造指図も購買指図もMRP*と呼ばれるシステムで作成されます。MRPは最近では単独で存在せず、生産管理システムまたはERP*に搭載されています。

2 製造指図から製造指示、製造発注に連係

製造指図は、工程に対し、製造日、製造品目、製造数を示します。BOMから構成品目情報を得て、各工程に製造する品目を伝えるのです。指図書を指示としてそのまま製造現場に渡す工場もあり、その場合は製造指図イコール製造指示になっています。

＊MRP Material Requirement Planning の略。
＊ERP Enterprise Resource Planning の略。

より詳細の作業手順や作業標準を考慮した指示が必要な場合は、指図情報を連携した製造実行システム**MES**[*]から、より詳細の製造指示が出されます。

　製造指図は製造後、製造実績が登録されることで実績計上され、製造指図が消し込まれます。

3 購買指図は発注に連係される

　生産管理システムまたはERPを使って、購買指図が発行され、発注書に繋がり、発注書が発行されます。仕入先から入庫があると、購買指図に実績が登録され、購買指図が消し込まれます。

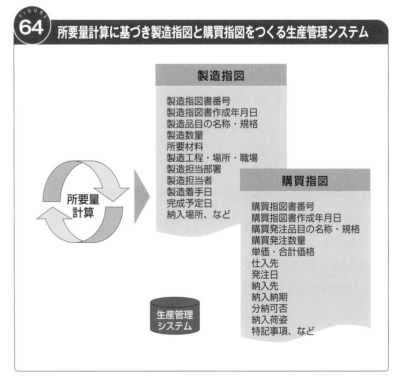

FIGURE 64 所要量計算に基づき製造指図と購買指図をつくる生産管理システム

製造指図

製造指図書番号
製造指図書作成年月日
製造品目の名称・規格
製造数量
所要材料
製造工程・場所・職場
製造担当部署
製造担当者
製造着手日
完成予定日
納入場所、など

購買指図

購買指図書番号
購買指図書作成年月日
購買発注品目の名称・規格
購買発注数量
単価・合計価格
仕入先
発注日
納入先
納入納期
分納可否
納入荷姿
特記事項、など

所要量計算

生産管理システム

＊**MES** Manufacturing Execution System の略。

指示、実績・進捗管理：製造実行システム

詳細な製造指示を行う場合、製造実行システム（MES*）がその機能を担います。詳細作業手順、作業標準で統制し、実績を登録することで、作業の進捗も追うことができます。

1 紙の製造指示から MES による電子的作業指示へ

製造指示は紙で行われることがいまでも多いものです。作業標準も紙で現場に提示され、紙の製造指図、作業標準を見ながら作業しています。実績も製造指示に手書きで記録し、後にシステムに入力されるというのが、いまでも多く行われていています。

MESを使うことで、製造指示を電子化し、現場のハンディターミナルやタブレット、制御盤などに指示を開示することでペーパーレスが実現できます。さらに、作業手順までMESに登録すれば、作業標準もペーパーレス化できます。

2 MES による作業指示と作業統制、ポカヨケ

MESで作業指示ができれば、作業統制がしやすくなります。作業手順を守らないと次の指示が出ないようにすることで、作業順序を守らせることができます。

作業標準を登録し、指示時に提示すれば、作業標準を守らせることができます。例えば、決められたトルクをドライバーに伝えて制御したり、計量時に上限値・下限値を提示したりして、計量が特定の範囲に入っていなければアラートを出すなどのポカヨケを仕込めます。

*MES　Manufacturing Execution System の略。

③ 各工程・作業の実績登録により進捗を可視化

　MESによる作業指示がされ、実績もMESに登録されれば、各工程、各作業の着手・完了が登録されます。各工程、作業の実績がリアルタイムに近く登録できれば、作業の進捗が追えます。

　作業進捗は、自工程の作業の進捗のチェックもできますが、他の工程の進捗が見えることで、前工程の進捗状況により後工程の作業の調整もやりやすくなります。例えば、前工程の作業が滞っていることがわかれば、手待ちを避けるべく後工程に計画や指示を調整することもできます。

　MESの作業実績は生産管理システムまたはERPに連携され、製造指図が消し込まれます。

④ MESの実績登録によるトレーサビリティ

　各工程、作業での作業実績が登録されると、作業記録がとられます。原材料のロットナンバーが登録されていれば、投入されたロットナンバーを引き継ぎ、使われた原材料や部品が確認できます。どの作業に、誰が、どの設備で、どのような作業を行ったのかが記録されます。

　MESで製造実績、作業記録の記録されるようにできれば、不具合時にトレースをするデータが揃い、電子的なトレーサビリティが実現できます。

⑤ 発注による入庫予定をMESで管理する場合

　購入品や外注製造品の発注による入庫予定データをMESで管理できれば、納入時にMESで入庫予定データと突合し、入庫実績登録ができます。

入庫予定も紙で管理されている場合も多く、紙の入庫予定一覧を
チェックし、入庫実績を後にシステムに手入力を行うことが多いの
ですが、これでは、入庫実績の登録が遅れますし、ミスも起きます。
電子的に入庫予定を管理できれば、納入時に即チェック、入庫実績
登録ができ、納期遅れもすぐわかります。

FIGURE
65
製造指示、作業統制、実績収集を行う
製造実行システム MES

指示を出す	作業を統制する	実績を収集する
製造指図情報を取得 ↓ **作業展開** **（作業手順の取得）** ↓ **作業標準の取得** **（作業統制の情報取得）** ↓ **作業指示** MES画面 ハンディーターミナル 設備制御盤 タブレット、など	**作業手順・標準の示唆** 作業手順・ステップの 可視化 作業標準の可視化 （トルク、温度、 計量許容範囲、など） **作業順序遵守の強制** 手順遵守違反への警告 手順違反への 次作業ブロック、 など **作業ミスの強制排除** 作業ミス時の設備停止 作業ミス時の 操作ロック、など	**作業実績を収集** 作業の着手・完了 投入部材数量の 実績記録 計量/投入の実績記録 担当作業者の記録 作業条件の記録 作業時間の記録 完成実績数量の記録 不具合・排除 実績数量の記録 ロットナンバーの記録 シリアルナンバーの 記録 製造ナンバー（製番） の記録 **設備稼働情報を収集**

在庫管理：倉庫管理システム

在庫の現品管理を行うシステムが倉庫管理システムWMSに担わせることで、現品管理、在庫の受け払いができます。調達品の入庫管理をWMSで行うこともできます。

1 現品在庫の管理を行うシステム

購入した部材や製造した部品、製品の現品を管理するシステムが**倉庫管理システム**と呼ばれる**WMS***です。

WMSは、在庫の数量を管理するだけでなく、入庫・出庫といった在庫の受け払いも記録します。いわゆる在庫の台帳がシステム化したものです。

WMSは単に在庫の数量を管理するだけでなく、様々な機能を持ちます。**ロケーション管理**といって、格納する棚や場所に、場所を一意に認識できる番号などを振って、どこに何があるかということを管理することができます。ロケーション管理ができると、出庫時のピッキング指示も場所を指定して指示ができるので効率的です。

WMSではロットナンバー管理などの製造日付での品目管理もできます。期限管理、保留品扱い、出庫留め、引当時の先入先出、ロット逆転（常に新しいロットナンバー品を出庫するように制御する）管理などもできます。

***WMS**　Warehouse Management System の略。

　製造現場への部材の出庫をする際、一品ごとに出庫していては現場の受領が大変な場合があります。そこで、製造指示時に、製造に必要な部品だけひと揃い、必要な数だけ出庫することがあります。これを**配膳**といいます。製造指示に示された製造品に必要な部材をひと揃いになるようにピッキング指示をかける機能です。

　また、部材の発注による入庫予定をMESではなく、WMSに渡し、入庫受入を行う機能をWMSに持たせることもあります。

FIGURE 66 倉庫管理を行う WMS

WMSの機能

基本機能

・入出庫機能

・入荷・入庫

・出庫・出荷

・荷役機能

・移庫

・流通加工

・保管機能

・現品管理

・ステータス管理

倉庫管理システムWMS

WMS によって、上記以外の機能（発注計算や料金計算など）が用意されていることもあります

品目構成管理：製品構成管理システム

品目構成管理を行うBOM情報の源流となる設計図面と統合して製品構成、その変更履歴を管理するシステムがPLMです。

1 図面管理と設計構成管理を行うシステム

設計図面の管理を行い、設計図面にひもづく構成管理（設計構成管理）を行うシステムを**PLM**[*]といいます。設計図面だけであれば**CAD**[*]システムで済みますが、生産を行うためには、製品からひもづく構成品目の登録が必要です。

設計段階でも、製品を完成図面である総図面、部品単位の部品図などがあり、総図面-個別部品図面-部材の構成を管理しなければなりません。そのために、図面と構成品目を関連づけて管理する仕組みが必要です。それがPLMであり、設計の構成管理を設計BOMといいます。

2 生産用に構成管理とサービス品の構成管理

生産に必要な所要量計算をする際には、所要量計算用の品目構成情報が必要です。それが**生産BOM**です。PLMでは、設計BOMから生産BOMを生成し、生産管理システムに連携します。

生産BOMと並行して、補修用のサービスパーツ用BOMも生成し、サービスパーツの製造や発注に関わる所要量計算に用います。

---

*PLM　Product Lifecycle Management の略。
*CAD　Computer Aided Design の略。

3 設計変更の情報連携

　設計上の部品変更が起きた際には、生産BOM、サービスBOMともに連動して変更情報を受け渡し、最新化します。設計変更があった際には、タイムリーに構成情報の連携が必要です。

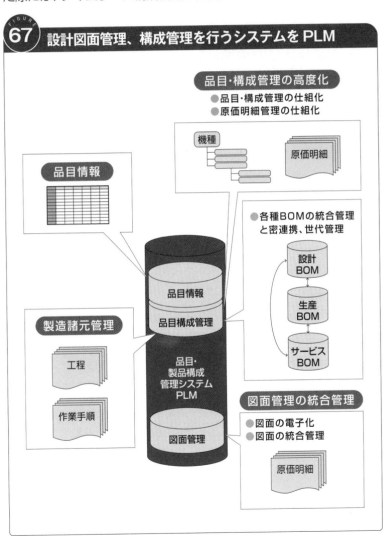

FIGURE 67 設計図面管理、構成管理を行うシステムを PLM

品目・構成管理の高度化
●品目・構成管理の仕組化
●原価明細管理の仕組化

機種

原価明細

品目情報

●各種BOMの統合管理
　と密連携、世代管理

設計
BOM

生産
BOM

サービス
BOM

品目情報

品目構成管理

製造諸元管理

工程

作業手順

品目・
製品構成
管理システム
PLM

図面管理の統合管理
●図面の電子化
●図面の統合管理

図面管理

原価明細

原価計算：原価計算システム

原価計算は生産管理システムで行います。

1 原価計算は生産管理システムで行う

原価計算は生産管理システムで行います。その際、生産BOMを使って、下位の構成品目から上位の構成品目へ原価を積み上げ計算していきます。BOMを使った構成に沿った積み上げは品目に直課できる直接原価費目だけです。間接費目は配賦により品目原価に集計します。

標準原価計算、実際原価計算を行うのも生産管理システムです。また、通常、生産管理システムであれば原価差異分析の機能を持っています。したがって、だいたいの原価管理を生産管理システムで行うことができるわけです。

とはいえ、パッケージシステムによっては、生産計画用の機能と原価計算用の機能が分離されていることもあります。その場合は、原価計算システムとされているので、原価計算システムは生産管理システムとは別なものとして用意しなければなりません。

2 原価計算を表計算ソフトで行うことも

BOMがつくれない、あるいは、BOMを設定し、自動で原価積み上げをするほどの複雑差がない場合、表計算ソフトで原価計算ができるようにしている企業もあります。表計算ソフトは安価で、自由度が高いので、単純な原価計算、原価の管理ができれば十分な場合、表計算ソフトでの原価計算もありでしょう。

ただし、表計算ソフトの場合は、フォーマットの作成、維持、計算ロジックの設定などが個人に任され、ブラックボックス化していくので、属人化は避け得ません。そうした点を避けるには、生産管理システムや原価計算システムのパッケージを使うべきでしょう。

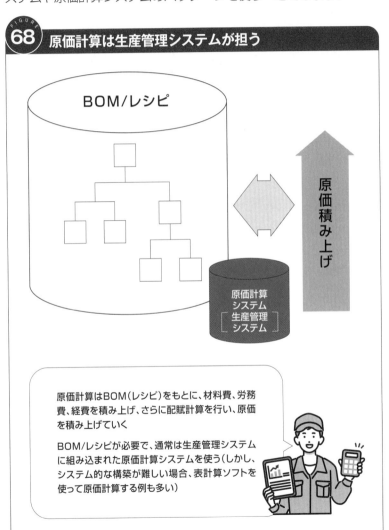

FIGURE
68　原価計算は生産管理システムが担う

BOM/レシピ

原価積み上げ

原価計算
システム
[生産管理
システム]

原価計算はBOM（レシピ）をもとに、材料費、労務費、経費を積み上げ、さらに配賦計算を行い、原価を積み上げていく

BOM/レシピが必要で、通常は生産管理システムに組み込まれた原価計算システムを使う（しかし、システム的な構築が難しい場合、表計算ソフトを使って原価計算する例も多い）

おわりに

　生産管理の仕事をするのは、本当に骨が折れると思います。工場内外の組織に対して全方位的に気を配り、1年先の計画、数か月先の計画、数週間の計画、明日の指示、いままさに起きていることへの対策といった複数の時間軸への対処も必要です。様々な分析、判断も必要です。そして、工場は"人"で回っているのです。

　生産管理とはどこまでいっても、合理的で、計画的な経営活動なである一方、その遂行はとても人間的だと思います。生産という行為がとても人間的なせいか、人に負担をかけることで、生産活動を行ってきました。経験主義と属人化に支えられてきたのです。

　しかし、我々はどこまでいっても科学的な"生産管理"を目指さなければなりません。業務プロセスを標準化し、システム化することで、効率的で効果的な計画と実行統制の"仕組み"をつくっていかなければならないのです。

　日本は世界に冠たる製造業の国です。まじめに品質を追求し、モノをつくり込んでいくのは一種の才能であり、かけがえのない資質です。そこに、合理的で、科学的生産管理を接ぎ木することで、人を大切にし、環境を守り、永続性に投資し、日本の製造業を世界に冠たる製造業の国として復活させることができるのです。

　本書が日本の製造業を支える方々に、少しでも役立つものになれば幸いです。

石川和幸

索引

索引

●著者紹介

石川 和幸（いしかわ かずゆき）

早稲田大学政治経済学部政治学科卒、筑波大学大学院経営学修士。日本能率協会コンサルティング、アクセンチュア、日本総合研究所などを経て、サステナビリティ・コンサルティングを設立。専門はSCM・生産管理構想・構築、システム導入、ERP導入、プロジェクトマネジメントなど。

主な著書：

『図解 生産管理のすべてがわかる本』『SCMの基本』『在庫マネジメントの基本』（以上、日本実業出版社）、『図解 よくわかるこれからのSCM』（同文舘出版）、『エンジニアが学ぶ生産管理システムの「知識」と「技術」』（翔泳社）、現場で使える「SCM」の教科書（ソシム）など多数。

kazuyuki.ishikawa@susco.jp

http://susco.jp

●編集協力

株式会社エディトリアルハウス

●イラスト

ニワトコ/PIXTA（ピクスタ）

図解ポケット

生産管理がよくわかる本

発行日	2024年1月10日	第1版第1刷

著 者　石川 和幸

発行者　斉藤 和邦

発行所　株式会社 秀和システム

〒135-0016

東京都江東区東陽2-4-2　新宮ビル2F

Tel 03-6264-3105 （販売）Fax 03-6264-3094

印刷所　三松堂印刷株式会社　　　Printed in Japan

ISBN978-4-7980-7010-0 C2034